LOUIS HENRIQUE

NOS CONTEMPORAINS

GALERIE COLONIALE ET DIPLOMATIQUE

DEUXIÈME VOLUME

PRÉFACE DE M. DE LANESSAN
Ancien Gouverneur Général de l'Indo-Chine

S. M. GEORGES Ier
MM. DE MAHY. — JULES SIEGFRIED. — TIRMAN
PAUL DESCHANEL. — LE BARON DE COURCEL. — DE LABOULAYE
LE COMTE DE MONTEBELLO. — M. LOZÉ
LE COMTE DE MOUY. — LEMAIRE — PAUL RÉVOIL
COGORDAN. — RODIER. — M. LE COMTE SAVORGNAN DE BRAZZA
LE LIEUTENANT-COLONEL MONTEIL. — BINGER
MIZON. — GRODET. — DANEL. — ALBERT BRIÈRE
PAPINAUD. — STANLEY

PARIS
BUREAUX
DE LA
POLITIQUE COLONIALE
26, Rue Cambon, 26

1897

NOS CONTEMPORAINS

GALERIE COLONIALE ET DIPLOMATIQUE

LOUIS HENRIQUE

NOS CONTEMPORAINS

GALERIE COLONIALE ET DIPLOMATIQUE

DEUXIÈME VOLUME

S. M. GEORGES Ier
MM. DE MAHY. — JULES SIEGFRIED. — TIRMAN
PAUL DESCHANEL. — LE BARON DE COURCEL. — DE LABOULAYE
LE COMTE DE MONTEBELLO. — M. LOZÉ
LE COMTE DE MOUY. — LEMAIRE — PAUL RÉVOIL
COGORDAN. — RODIER. — M. LE COMTE SAVORGNAN DE BRAZZA
LE LIEUTENANT-COLONEL MONTEIL. — BINGER
MIZON. — GRODET. — DANEL. — ALBERT BRIÈRE
PAPINAUD. — STANLEY

PARIS
ANCIENNE MAISON QUANTIN
Librairies et Imprimeries Réunies
MAY ET MOTTEROZ, DIRECTEURS
7, Rue St-Benoît, 7

1897

PRÉFACE

Les *Biographies coloniales* dont M. Louis Henrique a déjà publié, il y a quelques mois, un premier volume, sous le patronage de M. Félix Faure, président de la République et ancien sous-secrétaire d'Etat des colonies, constituent la plus intéressante ou, pour mieux dire, l'unique galerie où l'on ait réuni l'histoire des hommes qui, pendant ces dernières années, ont servi, d'une manière quelconque, la cause coloniale.

Comme on l'a souvent répété, « le plus grand tort des colonies est d'être loin, » de n'être visitées que par un nombre relativement minime d'européens. En raison de l'ignorance où l'on est de ce qui les concerne et de la violence des attaques dont elles sont l'objet de la part d'adversaires systématiques, elles apparaissent à la masse du public comme des pays pleins de mystères et de dangers, des repaires de sauvages et des foyers d'infections morbides, des lieux de désolation et de misère, à l'entrée desquels beaucoup de gens lisent volontiers l'inscription du Dante : « *per me chi va nella cita dolente.* »

Réagir contre ces préjugés, ces erreurs et ces craintes, est un devoir pour tous ceux qui, connaissent les colonies, qui en vécurent la vie, qui en ont étudié les besoins et qui se sont épris du charme contenu dans l'œuvre qui consiste à ouvrir un pays neuf au commerce, à l'industrie, à l'agriculture, à la civilisation de l'Europe.

M. Louis Henrique, ancien officier qui gagna ses éperons à Belfort en 1870, s'est consacré à cette tâche, depuis une quinzaine d'années, et il l'a poursuivie, à travers les déboires, les désillusions et les ennuis auxquels n'échappent aucun des amis des colonies, avec un zèle et un dévouement qui jamais ne faillirent.

En 1883, il organisait, sous le patronage d'Edmond About, la Société française de colonisation dont il a été depuis cette époque, le plus fidèle représentant, sous la présidence de Jules Ferry. En 1889, il est placé par le gouvernement à la tête de l'exposition coloniale, dont le succès fut si grand et qui, selon le mot de Jules Ferry, « réconcilia l'opinion publique avec le Tonkin. »

Profitant des matériaux sans nombre et très précieux réunis de tous les points du globe, par ses soins, pour cette exposition, il publiait, à la même époque, six volumes aussi documentés que richement illustrés, sur l'histoire politique et économique des colonies françaises.

Puis, il rentrait dans la presse pour y servir encore la cause de nos établissements coloniaux et il devenait, à la mort de son fondateur, le directeur de la *Politique coloniale*, celui de tous les organes spécialement consacrés aux colonies, qui est le plus riche en faits et en idées, le plus ouvert aux principes de colonisation, dont la mise en pratique fait la fortune des colonies et la gloire de la Grande-Bretagne.

En publiant ses *Biographies coloniales*, M. Louis Henrique continue son œuvre. Indépendamment de la justice rendue aux représentants de la France dans nos établissements d'outre-mer et à tous les hommes qui servent les colonies à un titre quelconque, il permet au grand public d'apprécier l'importance des questions coloniales, d'après la valeur de ceux qui se livrent à leur étude et qui les administrent ou les gouvernent.

Ces biographies sont, elles-mêmes, une source très riche de renseignements sur les colonies et sur les moyens variés mis en pratique dans leur organisation et leur administration.

En dépit des critiques et des attaques systématiques dont elle est l'objet, l'œuvre coloniale accomplie par la France, depuis une dizaine d'années, constituera un titre de gloire pour le gouvernement républicain, car l'histoire entière de l'humanité met en relief ce fait remarquable que plus un peuple est intelligent et actif et plus il se répand à la surface de la terre. Toutes les races inférieures se sont éteintes et s'éteignent encore de nos jours sur place, dans la misère physique et la décrépitude morale, tandis que les races supérieures, toujours à la recherche du nouveau et du mieux, marchent à la conquête du monde entier.

L'œuvre capitale de cette fin de siècle et du siècle où nous allons entrer, sera la dispersion de la science, du progrès, des arts, des industries, de la civilisation en un mot, jusque dans les régions les plus reculées de notre globe. Dans cent ans, la nation la plus estimée, la plus puissante et la plus riche, sera celle qui aura répandu le plus grand nombre de ses citoyens sur la plus grande surface du globe.

Ecouen, le 21 décembre 1896.

J.-L. DE LANESSAN,

Ancien gouverneur général de l'Indo-Chine.

NOS CONTEMPORAINS

S. M. GEORGES Ier

Roi des Hellènes

S. M. GEORGES Ier

ROI DES HELLÈNES

La personnalité du roi des Hellènes est, à plus d'un titre, sympathique en France; le roi Georges, souverain d'un pays ami, est Danois et frère de l'impératrice douairière de Russie.

S.M. Georges Ier (Christian-Guillaume-Ferdinand-Georges), second fils du roi Christian de Danemark, est né le 24 décembre 1845. Il avait le grade d'amiral dans la marine danoise, quand l'assemblée nationale d'Athènes lui offrit, par un vote unanime, le titre de roi constitutionnel des Hellènes, le 31 mars 1863. Le prince accepta, le 6 juin, l'offre qui lui était faite, sous la condition que les îles Ioniennes seraient annexées à la Grèce. Par ce premier vœu, le nouveau roi a sans doute voulu indiquer aux patriotes helléniques que la pensée dirigeante de son règne serait la reconstitution de la patrie ancienne. L'évènement a prouvé que le roi Georges était resté fidèle à cette promesse et qu'il en poursuit la réalisation, autant que les circonstances le lui permettent.

Le roi débarqua à Athènes, le 30 octobre 1863. Son premier soin fut de rétablir l'ordre, troublé depuis les évènements qui avaient déterminé le départ du roi Othon. Il proclama en mai 1864, l'amnistie de tous les crimes et délits politiques.

Les premières années du règne furent marquées par un différend grave avec la Turquie, au sujet de la Crète. La Grèce avait encouragé dans leur résistance les Crétois insurgés contre la Turquie ; 6.000 de ceux-ci avaient émigré sur le territoire hellénique et avaient nommé des députés au Parlement d'Athènes. Il ne fallut rien moins que l'opposition des puissances européennes pour empêcher ces députés de siéger. Les relations diplomatiques et commerciales furent rompues entre la Porte et le gouvernement hellénique. Pour apaiser le conflit, qui menaçait de durer longtemps encore, une conférence se réunit à Paris, en 1869. Il y eut un arrangement qui permit, sinon de résoudre définitivement les difficultés pendantes, du moins de les ajourner.

Comme preuve de son bon vouloir, le roi prononça la dissolution de la Chambre des députés et s'efforça de faire diversion aux questions irritantes, en détournant l'activité de ses sujets vers les réformes économiques favorables à la prospérité intérieure du royaume.

Lors de la guerre russo-turque,(1876-1878) la Grèce, grâce à la sagesse de son souverain, se tint dans une prudente et habile expectative. Elle trouva la récompense de sa réserve dans les stipulations du traité de Berlin, qui, sur l'initiative désintéressée de la France, accorda au royaume hellénique une importante rectification de frontières. Malheureusement l'exécution de certaines clauses de ce traité donna lieu à de longues négociations, de la part de la Turquie. Fort de son droit, le roi Georges n'hésita pas à entreprendre un voyage en Occident et s'imposa la pénible mission de plaider lui-même la cause de la Grèce auprès des chefs des divers Etats de l'Europe. La conférence de Berlin de 1880 lui accorda une satisfaction partielle. Les troupes helléniques, à la suite des décisions de la conférence, occupèrent, en septembre 1880, la ville de Larisse, toute la Thessalie et une partie de l'Epire.

Mais les patriotes grecs n'acceptèrent pas cette solution transactionnelle ; d'où une agitation profonde qui se traduisit par une série de crises ministérielles, sans cause et aussi sans effet.

Sans entrer dans le détail des évènements politiques qui ont marqué le règne de Georges Ier, depuis trente-trois ans il suffit d'indiquer que, malgré toutes les difficultés d'ordre politique ou financier que ce souverain a rencontrées, il a conservé les sympathies de la nation grecque, sans distinction de partis. Les patriotes ardents, eux-mêmes n'oublient pas que Georges Ier n'a rien négligé dès le premier jour, pour donner satisfaction au sentiment national dans ses justes revendications et que, là où il a échoué, personne n'eût mieux réussi à vaincre les résistances de l'Europe.

Georges Ier a marié sa fille à un prince de la maison impériale d'Allemagne.

Cette union n'a en rien modifié, d'ailleurs, les sentiments de famille et d'amitié personnelle qui lient les Cours de Grèce et de Russie.

Pour finir, une anecdote qui caractérise admirablement les rapports de simple et patriarcale affection qui existent entre le roi et son peuple.

Le monarque se promenant une nuit, tout seul, à l'entrée du Pirée, fut arrêté par un factionnaire qui croisa la baïonnette en criant : « Qui vive ! ». Le roi Georges, hésitant à répondre pour ne pas trahir son incognito, l'homme fit feu et le blessa au bras. Le lendemain, le roi Georges envoya au soldat, avec ses félicitations, la croix du Rédempteur pour avoir si bien visé.

Nos Contemporains

M. DE MAHY

Député de la Réunion

Ancien ministre de l'agriculture et de la marine

M. DE MAHY

DÉPUTÉ DE LA RÉUNION
ANCIEN MINISTRE DE LA MARINE

Tenace dans ses desseins, patriote ardent, fidèle à ses amitiés, le député de la Réunion ne sépare pas, dans son amour pour la France, la petite île de la Réunion, dont il est originaire et qu'il sert depuis vingt-cinq ans, avec un zèle infatigable.

M. de Mahy (François-Césaire) est né le 22 juillet 1830 à Saint-Pierre (Réunion); sa famille est originaire du Berry. Il vint en France en 1844, y acheva ses études classiques, suivit les cours de la Faculté de médecine et, après avoir obtenu le diplôme de docteur, retourna à la Réunion, où il exerça comme médecin. Il se mêla de bonne heure aux luttes politiques et combattit l'Empire, avec toute la ferveur de sa foi républicaine.

Dès que le gouvernement de la République eut rendu aux anciennes colonies le droit d'être représentées, M. de Mahy se trouva tout désigné aux suffrages de ses concitoyens. Il fut élu, en 1871, député à l'Assemblée nationale avec M. Lasserre, pour la mémoire duquel il a conservé un souvenir reconnaissant.

Depuis vingt-cinq ans, il n'a pas cessé d'être réélu. Il a pris une place considérable dans la Chambre, où il a été tour à tour questeur et vice-président, Il fut même porté pour la présidence contre M. Dupuy, il y a deux ans. Il a fait partie du gouvernement à plusieurs reprises, la première fois en 1888 comme ministre de l'agriculture, dans le cabinet présidé par M. de Freycinet, puis dans les ministères Duclerc et Fallières. Dans ce dernier cabinet, il fit l'intérim du ministère de la marine et des colonies. Pendant son court passage à la rue Royale, il prit l'initiative d'envoyer l'amiral Pierre à Madagascar, pour sauvegarder les droits de souveraineté de la France, que les intrigues anglaises mettaient en échec, sinon en péril.

M. de Mahy quitta le pouvoir le 1er février 1883, lors de la formation du cabinet Ferry.

Il redevint ministre de la marine et des colonies dans le premier cabinet Tirard, le

12 décembre 1887, mais il ne voulut pas accepter la collaboration d'un sous-secrétaire d'Etat chargé de l'administration des Colonies et préféra se retirer, plutôt que de céder sur cette question.

Dès lors, M. de Mahy se consacra avec une énergie peu commune, avec une ténacité infatigable, à un véritable apostolat en faveur de l'occupation de Madagascar par la France. Par la parole et par la plume, à la tribune du Parlement, dans la presse, à Paris en province, il fit une propagande incessante, persévérante et, par-dessus tout, courageuse. Il alla de ville en ville, prêchant la guerre sainte, si j'ose dire, contre les Hovas, préparant, avec une ardeur indomptable, l'opinion publique à la campagne nécessaire, par des conférences multiples, dont la péroraison habituelle était invariablement la même : « Allons à Madagascar ! » C'était son *delenda Carthago*.

Il a eu gain de cause, après dix années d'efforts invincibles et de luttes vaillantes. Si Madagascar est aujourd'hui possession française, il n'est que juste de reconnaître que M. de Mahy a été le Pierre l'Ermite de cette nouvelle croisade. Ses compatriotes seraient bien ingrats s'ils l'oubliaient, ses contemporains bien injustes, s'ils ne rendaient pas hommage à sa foi d'apôtre.

Ce n'est point le seul service qu'il ait rendu à son pays natal. Il s'est dépensé, peut-être avec prodigalité, pour doter la Réunion d'un chemin de fer et d'un port qui ont coûté, et coûteront longtemps, un peu cher à la Métropole. On le lui a reproché souvent ; il faut espérer du moins, que la colonie lui en garde la reconnaissance qu'elle lui doit.

Il a le premier réclamé pour ses concitoyens l'honneur de payer l'impôt de sang et il a réussi à faire inscrire ce droit dans la loi militaire. Il n'est pas bien certain que tous ses compatriotes aient apprécié le prix de cette faveur. Il a, du moins, la satisfaction d'être resté fidèle à ses convictions et à ses promesses.

M. de Mahy jouit à la Chambre d'une grande considération : le fait d'y avoir exercé, pendant de longues années les fonctions de questeur et de vice-président le prouve surabondamment. Il y compte des amitiés sûres et jouit auprès des pouvoirs publics d'un incontestable crédit. C'est justice. Pourquoi faut-il que de si éminentes qualités soient quelque peu gâtées par un défaut de caractère : il supporte mal la contradiction et est bien près de voir un ennemi chez qui diffère d'opinion avec lui. Il n'a pas toujours été juste autant qu'il eût fallu, envers des hommes qui servent la cause coloniale avec la même croyance et avec la même bonne foi, quoique par des moyens différents. Il a des rancunes qui ne désarment pas, des colères qui ne pardonnent pas. On n'est pas parfait.

M. JULES SIEGFRIED

Député. Ancien ministre du Commerce et des Colonies

M. JULES SIEGFRIED

DÉPUTÉ DE LA SEINE-INFÉRIEURE

ANCIEN MINISTRE DU COMMERCE, DE L'INDUSTRIE ET DES COLONIES

M. Siegfried n'est entré dans la vie politique qu'après s'y être préparé. Il est de ceux qui pensent que, pour gérer les affaires du pays, il faut avoir appris à se conduire soi-même. Il a dirigé avec succès une maison de commerce, avant de donner ses soins à l'administration municipale du Havre ; il a été conseiller général de la Seine-Inférieure, avant de recevoir le mandat législatif ; il l'a excercé pendant de longues années, avant d'accepter un portefeuille de ministre. Cette sage lenteur n'est point la méthode en honneur à notre époque de fiévreuse activité et d'ambitions impatientes. C'est pourtant la bonne. M. Siegfried n'a point à regretter de l'avoir suivie ; il lui doit de n'avoir jamais été inférieur à la tache qu'il avait assumée.

M. Siegfried (Jules), né le 12 février 1837,

appartient à une famille de Mulhouse, où son nom reste associé aux entreprises du haut commerce alsacien et aux œuvres philanthropiques les plus louables.

Dès 1862, il s'établit au Havre, où il devait se fixer définitivement après la guerre de 1870. Peu après, il fonda, avec son frère, la première maison de commerce française à Bombay pour l'achat des cotons ; puis il créa successivement des comptoirs importants à Liverpool, à la Nouvelle-Orléans et à Savannah. Il avait le sentiment que le moyen de faire fortune sûrement et rapidement n'était pas d'attendre que les affaires vinssent à lui, mais bien d'aller au devant. Encore une méthode que son exemple heureux recommande aux méditations de la génération présente.

M. Siegfried, après l'avoir pratiquée avec autant de décision que de succès, a toute autorité pour la préconiser avec conviction ; il n'y manque jamais et je ne sais guère de discours de lui, adressé à la jeunesse, qui ne se termine par ce conseil judicieux : « Allez apprendre à l'étranger ce qu'on y fait et voir ce qu'on y peut faire. »

Ses concitoyens du Havre n'ont eu garde

de laisser inactive son expérience des affaires. Membre de la Chambre de Commerce, dès 1869, il fut élu conseiller municipal et premier adjoint, en 1870, conseiller général, en 1878 et, cette même année, maire pour la seconde fois. Le ministère du 16 mai avait honoré ses opinions nettement républicaines, en le révoquant; les électeurs du Havre l'en avaient récompensé, quelques mois plus tard, en lui ouvrant à deux battants les portes de la mairie.

A la Chambre de commerce, comme à la mairie, il a donné la preuve de son intelligente activité et de son esprit d'initiative. Il n'a pas peu contribué au développement des affaires commerciales du Havre : l'agrandissement du port, la création de nouvelles lignes ferrées sont l'œuvre collective de la Chambre de commerce ; mais aucun de ses concitoyens n'ignore la part personnelle que M. Siegfried a prise à cette œuvre si profitable aux intérêts du Havre, et l'on peut dire du commerce français.

Il a porté aussi sa sollicitude vers les questions d'enseignement et d'assistance. Les écoles primaires, les écoles professionnelles, les hôpitaux, les dispensaires se sont multipliés ou améliorés sous son administration, qu'animait un amour raisonné de la démocratie, que guidait le sentiment, toujours en éveil, des souffrances et des besoins des classes laborieuses.

M. Siegfried est un socialiste dans le sens élevé du mot. Il s'est donné la mission d'étudier de près la misère populaire et de la soulager en connaissance de cause. Il a écrit sur ce sujet un beau livre que l'Académie des sciences morales et politiques a couronné en 1877 ; mais il a mieux fait qu'un livre : il a créé une œuvre de saine philanthropie et d'hygiène bien comprise. Il avait constaté que l'épidémie de choléra qui a sévi au Havre, il y a quelque vingt ans, avait semé ses ravages dans les habitations où les règles de l'hygiène avaient été méconnues ou négligées. L'idée des cités ouvrières de Bolbec et du Havre est née de cette douloureuse expérience.

Mais M. Siefried n'a pas borné son ambition à chasser l'épidémie de la demeure de l'ouvrier : il a voulu que l'ouvrier pût non seulement habiter une maison salubre à bon marché, mais aussi en acquérir graduellement la pleine propriété. Haute pensée morale que certaines écoles collectivistes renient comme une hérésie, mais dont le bon sens des ouvriers sérieux apprécie la véritable portée et désire la réalisation pratique. La société des habitations à bon marché à Paris, dont M. Siefried a été le fondateur et reste le président, a été une première application de ce socialisme que les honnêtes gens professent au profit des honnêtes gens.

Devenu député de la Seine-Inférieure au scrutin de liste, M. Siegfried fut réélu, en 1889, comme député du Havre par 6,842 voix contre le candidat boulangiste, sur un programme où les préoccupations d'ordre économique et social tenaient la première place.

Il est de ceux qui tiennent les promesses faites au corps électoral. Il n'est point de discussions touchant aux questions qui lui sont chères et familières, où il ne soit intervenu, avec l'autorité que donnent l'étude et l'expérience.

Fidèle à ses engagements, il a soutenu de sa parole, de ses rapports et de ses votes, tous les projets ou propositions de lois de prévoyance, d'assistance et d'hygiène, tendant à réaliser les améliorations sociales qu'il poursuit depuis vingt ans, avec une remarquable perspicacité et une rare ténacité.

Réélu pour la troisième fois député, le 20 août 1893, M. Siegfried entra dans le cabinet Ribot (8 décembre 1893) comme ministre du commerce, de l'industrie et des colonies. Tous ceux qui ont le souci de notre expansion coloniale n'ont pas oublié que, si M. Siegfried ne fut ministre des colonies que de nom, il fut aussi l'apôtre très dévoué des idées de colonisation pratique.

Ces idées, l'adjonction d'un sous-secrétaire d'Etat, quasi-indépendant, ne lui permit pas de les appliquer directement, comme sans doute il l'eût désiré. Du moins, le rapporteur du budget des colonies a eu, cette année, l'occasion de les formuler en un rapport, dont il est impossible aux plus ombrageux de méconnaître les sages tendances et les prévoyantes indications.

Il demande de la clarté dans les dépenses coloniales, ce qui est la bonne manière d'empêcher les abus. Il réclame plus d'indépendance pour nos établissements d'outre-mer, plus de pouvoirs pour ceux qui les administrent, ce qui signifie qu'il laisse la responsabilité à qui a l'autorité et l'initiative, —

le vrai moyen de rendre nos colonies plus économes, plus prospères, c'est-à-dire d'alléger les charges budgétaires de la métropole. Sa doctrine est simple ; c'est celle des Anglais en matière coloniale : « Protégez les faibles, mais ne les affaiblissez pas par une tutelle étroite. » Sa formule est claire : « Liberté là bas, contrôle ici. »

Il est à craindre que l'on ne comprenne pas volontiers ici ; il est certain que l'on applaudira là-bas.

Nos Contemporains

M. TIRMAN

Sénateur, Ancien gouverneur général de l'Algérie

M. TIRMAN

SÉNATEUR DES ARDENNES

ANCIEN GOUVERNEUR GÉNÉRAL DE L'ALGÉRIE

Il est peu de carrières administratives aussi régulières et aussi bien remplies que celle de M. Tirman.

Conseiller de préfecture à vingt-cinq ans, conseiller d'Etat à quarante-deux, gouverneur général de l'Algérie à quarante-quatre, chevalier de la Légion d'honneur à trente-neuf, grand-croix à cinquante-quatre, M. Tirman a franchi tous les échelons de la hiérarchie, grâce à son travail opiniâtre et à son érudition, mis au service d'une intelligence d'élite.

Né à Mézières, le 29 juillet 1837, il fit ses études de droit; reçu docteur et inscrit au barreau de Paris, il entra dans l'administration préfectorale, le 16avril 1862, comme membre du conseil de préfecture des Ardennes, dont il devint le vice-président moins de quatre ans après (10 janvier 1866). Il passa dans Seine-et-Marne comme conseiller de préfecture (20 février 1867) et retourna, l'année suivante, dans les Ardennes comme secrétaire général (16 mars 1870). Après la conclusion de la paix avec l'Allemagne, il fut nommé préfet intérimaire du même département et titulaire quelques jours après, (6 avril 1871).

Après un séjour de cinq années dans les Ardennes, où son administration éclairée laissa des souvenirs que le temps n'a pas encore effacés, M. Tirman fut nommé préfet du Puy-de-Dôme (21 mars 1876). Au 16 mai 1877, il se fit mettre en disponibilité et fut nommé préfet des Bouches-du-Rhône, au mois de décembre de la même année. Deux ans après (3 septembre 1879), il était nommé conseiller d'Etat en service ordinaire.

C'est dans cette situation élevée que le gouvernement alla le chercher pour lui confier l'administration de l'Algérie, à la suite de l'expédition du Sud-Oranais, qui motiva le rappel de M. Albert Grévy.

M. Tirman a dirigé le gouvernement général de l'Algérie pendant près de dix ans (novembre 1881, — avril 1891).

L'œuvre de M. Tirman en Algérie, pendant

cette longue période, *longe ævi spatium*, peut se caractériser par les résultats suivants.

Succédant à M. Albert Grévy, qui avait substitué brusquement. sans préparation, le régime civil au régime militaire, sur un vaste territoire, comprenant environ les trois quarts de l'Algérie, il accepta courageusement ce lourd héritage et réussit à faire fonctionner le nouveau régime, en évitant toutes les difficultés qu'on avait prévues, toutes les fautes qu'on s'était plu à annoncer ; grâce à lui, cette transformation faite, en un jour sur le papier, devint une réalité utile et bienfaisante pour les vastes régions qui étaient passées, sans transition, du régime militaire à celui du droit commun.

Le second point caractéristique de son œuvre est l'extension de notre influence politique et de notre occupation dans le Sud algérien. Et cette entreprise si délicate et si importante, M. Tirman a eu la bonne fortune de la mener à bien, progressivement, sans bruit, sans faire appel au concours de la Métropole qui, loin de l'accorder, se serait peut-être opposée, par crainte de complications imaginaires, à l'exécution de ce programme de politique saharienne.

Enfin, il est un troisième résultat, dont M. Tirman peut s'enorgueillir, à juste titre : sous son administration sage, prudente non moins qu'habile, l'Algérie a fait peu ou point parler d'elle. Avant lui, c'était un thème à déclamations, incessantes et bruyantes contre les abus des bureaux arabes.

Après lui, les déclamations ont semblé reprendre sur un autre thème, — plus d'actualité. Mais, pendant les dix années de gouvernement de M. Tirman, l'Algérie a eu la bonne fortune de ne tenter ni la verve des polémistes de la presse, ni l'ardeur des discoureurs parlementaires, cherchant à se tailler un triomphe dans l'exposé d'abus à réprimer et de réformes à accomplir.

Comme les peuples heureux, elle n'a pas eu d'histoire, et ces dix années de tranquillité saine et de repos bien gagné ont plus fait pour sa prospérité que l'agitation qui avait précédé.

Nommé grand-croix de la Légion d'honneur, en 1891, en récompense de ses éminents services, M. Tirman quitta le gouvernement général de l'Algérie et fut admis à la retraite. Il ne devait pas rester dans l'inaction. Quelques mois après, les électeurs sénatoriaux des Ardennes l'envoyaient siéger au Palais du Luxembourg, où il a été apprécié et écouté.

La carrière de M. Tirman n'est pas terminée.

Le sénateur des Ardennes peut achever la tâche de l'ancien gouverneur de l'Algérie.

M. Tirman ne recherche pas le pouvoir : il s'y déroberait plutôt ; mais il est telles circonstances où un homme public doit à son pays ce qu'il a de force et d'intelligence et aussi d'expérience, ce qui n'est pas la moindre qualité nécessaire à un homme d'Etat.

En attendant, M. Tirman apporte son concours précieux aux travaux du Sénat et occupe ses loisirs à l'administration de grandes affaires industrielles, telles que les chemins de fer et les Compagnies de navigation. Après avoir consacré trente ans de sa vie à la direction des affaires de l'Etat, c'est encore une façon utile de servir son pays.

M. Paul DESCHANEL

Député, vice-président de la Chambre
Vice-Président de la Société française de colonisation

M. PAUL DESCHANEL

VICE-PRÉSIDENT DE LA CHAMBRE DES DÉPUTÉS
VICE-PRÉSIDENT DE LA SOCIÉTÉ FRANÇAISE
DE COLONISATION

M. Paul Deschanel a droit de trouver place dans cette galerie, réservée à ceux qui ont servi la cause coloniale. Il l'a servie par la plume et par la parole, à une époque où il y avait quelque courage à braver les sarcasmes des incrédules ou les injures des intolérants.

Les titres de ses premiers ouvrages, la date de leur publication sont bien significatifs : *La Question du Tonkin* (1883), *La Politique française en Océanie* (1884), *Les Intérêts français dans l'océan Pacifique* (1885).

M. Deschanel (Paul-Eugène-Louis), est né, en 1857, à Bruxelles, où son père, Emile Deschanel, s'était réfugié après le coup d'Etat du 2 Décembre. Il fit de brillantes études à Sainte-Barbe et au lycée Condorcet il fut reçu licencié ès-lettres en 1872 et licencié en droit en 1875. Il fut secrétaire de M. de Marcère en 1876, puis de M. Jules Simon, au ministère de l'intérieur, et nommé sous-préfet de Dreux en Décembre 1877. Il devint successivement secrétaire général de Seine-et-Marne, sous-préfet de Brest et de Meaux et donna sa démission pour se présenter à la députation à Dreux, en 1881, contre M. Gatineau, député sortant, qui fut réélu.

M. Deschanel n'entra à la Chambre qu'aux élections de 1885. Dès 1886, il s'y distingua par un discours retentissant, qui classa le jeune député parmi les orateurs de la nouvelle Chambre. Réélu constamment depuis 1889 par l'arrondissement de Nogent-le-Rotrou, M. Deschanel a grandi en autorité; son talent oratoire s'est élargi ; il a pris une part active à la discussion des questions qui se sont posées devant la Chambre, notamment aux débats sur les intérêts de la France en Orient (février 1888), sur la marine et l'insuffisance de notre matériel naval (1888), sur la liberté de la presse (mars 1890), sur la politique économique de la France, à propos du tarif des douanes (mai 1891), sur l'affaire de Panama (janvier 1893), enfin, le 16 février 1893, lors de l'interpellation adressée à M. Ribot sur la politique générale, il intervenait dans la discussion et adjurait le ministre de gouverner « avec la majorité de trois cents républicains qui n'avaient cessé de le soutenir ». Il était alors partisan de la politique de concentration républicaine.

Au renouvellement du bureau de la Chambre, M. Paul Deschanel a été porté à l'une des vice-présidences. Mieux que les plus longs commentaires, cette élection montre de quelle estime M. Deschanel jouit à la Chambre et, en particulier, parmi les républicains modérés dont il a été le candidat

En 1891, le député de Nogent-le-Rotrou a été chargé d'une mission officielle aux Etats-Unis ; il a publié dans le *Temps* la relation de son instructif voyage.

M. Deschanel est un écrivain de talent : deux de ses ouvrages, *Orateurs et hommes d'Etat* (1888) et *Figures de femmes* (1889) ont été couronnés par l'Académie française. Il a produit, en outre, les *Figures littéraires* (1889), *Questions actuelles,* recueil de ses principaux discours (1891) et une étude remarquée sur la réforme administrative.

Avec un pareil bagage, après une carrière si brillamment parcourue, on peut s'étonner que M. Paul Deschanel n'ait pas encore été appelé à faire partie d'une combinaison ministérielle. Il semble que bien d'autres qui n'avaient ni son acquis, ni sa valeur, aient obtenu un tour de choix, difficile à justifier. Le choix en politique est souvent synonyme de faveur. M. Deschanel est trop jeune pour ne pas attendre, trop vieux parlementaire pour s'étonner, trop libéral d'esprit pour s'indigner. La fortune est femme capricieuse : elle distinguera tôt ou tard le toujours séduisant vice-président de la Chambre.

M. LE BARON DE COURCEL

Ambassadeur de France à Londres

LE BARON DE COURCEL

AMBASSADEUR DE FRANCE A LONDRES

Un diplomate qui a parcouru une à une toutes les étapes de la carrière, gravi régulièrement tous les échelons de la hiérarchie. Esprit fin, caractère affable, il a su marquer sa place dans les postes les plus délicats et y faire écouter ses avis, pour le plus grand profit de la France.

Le baron Alphonse Chodron de Courcel est né le 30 juillet 1835. Après de brillantes études en droit, il fit un séjour en Allemagne où il obtint le diplôme de docteur et entra dans la carrière diplomatique, comme attaché d'abord à la direction des affaires politiques (6 juin 1859), puis, deux ans après à l'ambassade de Saint-Pétersbourg (11 avril 1861). Il rentra en France comme troisième secrétaire, attaché au cabinet de M. Drouin de Lhuys (15 octobre 1862).

A partir de 1862, M. de Courcel ne quitta

pas les bureaux du ministère ; il devint successivement 2e secrétaire (27 décembre 1865), à la direction du contentieux, 1er secrétaire (7 août 1869), sous-directeur à la direction politique (31 octobre), ministre plénipotentiaire de 2e classe (7 août 1877), directeur des affaires politiques (23 janvier 1880), conseiller d'État en service extraordinaire (27 janvier 1880), ministre plénipotentiaire de 1re classe (17 février 1880).

Entre temps, il avait été fait chevalier de la Légion d'honneur (9 août 1864), officier (7 août 1877), commandeur (12 juillet 1890).

Si M. de Courcel fit un séjour prolongé à Paris, en dehors de la carrière active, il est juste de dire qu'il y fut retenu, plus qu'il n'y resta de son gré. Il convient d'ajouter qu'il s'y était fait une grande réputation de savoir et qu'il avait montré des qualités de premier ordre, dans les fonctions successives qu'on lui avait confiées, autant par la justesse de ses vues, que par la netteté et la précision de son style.

En 1881, le gouvernement jugea opportun d'utiliser à l'étranger l'habileté de M. de Courcel. Gambetta, qui s'y connaissait en hommes et qui avait fait sienne la maxime anglaise : *the right man in the right place*, avait distingué M. de Courcel. Sans lui demander d'où il venait, il reconnut ce qu'il valait et le fit ambassadeur de France à Berlin, en même temps qu'il plaçait le général de Miribel à la tête de l'état-major général de l'armée. Les deux nominations font honneur au jugement sain de l'homme d'Etat qui en assuma la responsabilité, en dépit des criailleries qu'elles soulevèrent l'une et l'autre. L'évènement a prouvé que Gambetta avait vu juste dans les deux cas.

M. de Courcel, dès l'abord, comprit que la France ne pouvait s'éterniser dans des regrets stériles; il savait que la politique internationale ne vit pas de négations. Entre la France et l'Allemagne il ne saurait y avoir d'alliance: il y a des intérêts communs. Négliger ce qui pouvait rapprocher les deux pays était faire le jeu des adversaires qui vivaient largement de ces divisions. M. de Courcel, d'accord en cela avec Jules Ferry, s'attacha, pendant son ambassade, à chercher un terrain d'entente pratique avec l'Allemagne dans les affaires coloniales. La question du Congo lui offrit l'occasion favorable. A ce moment, l'Angleterre tendait visiblement à accaparer à son profit tout cet immense territoire. L'Allemagne, qui commençait à sentir aussi la nécessité de l'expansion coloniale pour son propre compte, ne voulut pas laisser le champ libre aux ambitions britanniques. Elle fit à la France des ouvertures qui furent entendues, en vue de la réunion d'une conférence européenne, qui eut lieu à Berlin, à la fin de 1884. On sait quel en fut le résultat.

L'Allemagne obtint ce qu'elle désirait, les territoires de Cameroon qui devinrent les premiers éléments de son futur empire colonial. La France, sans manifester d'ailleurs aucune hostilité à l'égard de l'Angleterre, était arrivée au but qu'elle s'était proposé, faire régler par l'Europe ce qu'elle considérait comme une question d'ordre européen. Elle eut gain de cause sur ce point à la conférence de Berlin, tandis que d'habiles négociations, menées à Paris par Jules Ferry, lui accordaient une délimitation du Congo conforme à ses intérêts et le droit de préemption sur les territoires de l'association internationale africaine, aujourd'hui l'Etat du Congo belge.

M. de Courcel aurait pu, après ces succès

faire un long séjour à Berlin : pour des raisons de convenances personnelles il demanda son rappel et fut mis en disponibilité (8 septembre 1886). Il avait été nommé grand-officier de la Légion d'honneur le 30 mars 1885, en récompense des service signalés qu'il avait rendus, comme plénipotentiaire, à la conférence de Berlin.

Il paraissait avoir renoncé définitivement à rentrer dans la carrière diplomatique. Il avait été élu président du Conseil d'administration des Chemins de fer d'Orléans, et en 1894, avait accepté un siège de sénateur dans le département de Seine-et-Oise. Mais les évènements en ont décidé autrement. Le gouvernement a fait encore appel à son dévouement et à sa profonde expérience, et lui a confié l'ambassade de Londres, en 1895. Les rapports étaient un peu tendus entre les deux pays. A Londres, comme à Berlin, quinze ans plus tôt, la tâche de l'ambassadeur de France a été de revendiquer nos droits avec fermeté, mais sans âpreté. M. de Courcel était bien l'homme qui convenait à une situation si délicate. Tout donne à penser qu'il sera à la hauteur de la tâche complexe qu'il a assumée. Il a signé le protocole du 15 janvier 1896, au sujet de l'affaire du Siam. Il a négocié en vue de la modification du traité de commerce anglo-tunisien et enfin il a le devoir de suivre de près la question d'Egypte.

Que les impatients veuillent bien en prendre leur parti, il ne dépend pas de l'ambassadeur de France de résoudre, à lui seul, cette épineuse question. Celle-là aussi est d'ordre européen. Tout ce que l'on peut exiger de M. de Courcel, c'est d'avoir l'oreille ouverte aux confidences de Londres et d'être attentif aux instructions du quai d'Orsay. On peut être certain qu'il a l'ouïe fine. On ne saurait affirmer que le quai d'Orsay ait toujours la décision prompt (1).

---

(1) M. de Courcel a donné sa démission à la fin de décembre 1896 et a été promu à la dignité de Grand Croix de la Légion d'Honneur le 1er janvier 1897.

M. DE LABOULAYE
Ancien ambassadeur de France à St Pétersbourg

M. DE LABOULAYE

ANCIEN AMBASSADEUR DE FRANCE EN RUSSIE

Héritier d'un beau nom, que son père, Edouard de Laboulaye, a rendu célèbre dans la littérature française, le fils s'est fait, dans la carrière diplomatique, une place de premier plan, grâce à la sûreté de son jugement, la courtoisie de son caractère, la distinction de ses manières et l'éclat des services par lesquels il s'est signalé dans ses dernières années.

M. Lefebvre de Laboulaye (Paul) est né le 6 juin 1833. Il débuta au ministère des affaires étrangères, le 19 mars 1855, comme attaché au cabinet de M. Drouin de Lhuys.

La première partie de la carrière de M. de Laboulaye, de 1855 à 1870, se passe à Paris, où il obtient successivement les grades de 3e secrétaire d'ambassade (24 juin 1857), de chevalier de la Légion d'honneur (15 août 1863), de secrétaire de 2e classe (16 mars

1864) sous les différents ministres qui se succédèrent aux affaires étrangères : comte Waleski, Thouvenel, Drouin de Lhuys, marquis de Moustier, marquis de la Valette, prince de la Tour d'Auvergne, comte Daru.

En avril 1870, au moment où M. Emile Ollivier fut chargé de l'intérim du Ministère des Affaires Etrangères, M. de Laboulaye quitta le cabinet du ministre et fut envoyé comme 2e secrétaire à Bruxelles (avril 1870) : il avait été nommé officier de la Légion d'honneur quelques jours auparavant (16 mars 1870). Il fut élevé à la 1re classe l'année suivante, puis transféré à Berne (12 décembre 1873) et, moins de deux ans après (3 septembre 1875), à Saint-Pétersbourg. Il se créa dans ce poste des relations précieuses et des sympathies utiles, dont le concours devait l'aider si puissamment plus tard.

Nommé ministre plénipotentiaire à Lisbonne, le 19 janvier 1878, il fut élevé à la dignité d'ambassadeur à Madrid, le 24 novembre 1885, et peu après à Saint-Pétersbourg, le 28 octobre 1886.

Il arrivait en Russie, dans des conditions assez difficiles. Le général Appert avait été rappelé brusquement par M. de Freycinet.

Cet homme d'Etat avait eu ses raisons pour motiver cette décision imprévue, autant qu'improbable, mais ces raisons sont restées inexpliquées et aujourd'hui, plus encore qu'il y a dix ans, on peut se demander si la décision de nos gouvernants d'alors a été inspirée par une fausse entente des intérêts de la France, ou si elle a été dictée par des nécessités devant lesquelles ils ont dû s'incliner.

Quoi qu'il en soit, le rappel du général Appert fut diversement interprété aussi bien en Russie qu'en France : l'ambassade française fut gérée par un intérimaire, pendant plusieurs mois.

La nomination de M. de Laboulaye à Saint-Pétersbourg fut un événement qui donna lieu à de vifs commentaires. Le choix était de tous points excellent; mais l'envoi d'un ambassadeur civil rompait une tradition déjà ancienne; il étonna et inquiéta même quelque peu. On s'était habitué à penser, et l'on acceptait comme une sorte d'axiome diplomatique, que la France ne pouvait être utilement représentée auprès du Tzar que par un général ou un amiral. On ne tarda pas à reconnaître qu'un ambassadeur militaire n'était pas plus nécessaire à Saint-Pétersbourg qu'ailleurs. On fut obligé de constater, à l'user, qu'un ambassadeur de la carrière était tout aussi bien, sinon mieux, en situation d'entretenir avec le souverain et ses ministres des relations utiles au bien des deux pays, s'il avait par ailleurs les qualités essentielles de sa fonction.

M. de Laboulaye les avait à un haut degré, comme les a son successeur M. de Montebello. Homme du monde, *gentleman* accompli, de belle allure, ayant grande fortune, et train de maison élégant, déjà connu par un séjour de plusieurs années à l'ambassade, il reçut en Russie un accueil aimable. Il ne devait pas tarder à devenir *persona grata* à la cour. Commencée au lendemain d'un refroidissement sensible entre la France et la Russie, la mission de M. de Laboulaye a pris fin après les inoubliables fêtes de Cronstadt.

On sait quel caractère eurent les manifestations préparées en l'honneur des marins de l'amiral Gervais, qui fut dans cette circonstance mémorable, l'auxiliaire judicieusement choisi de la politique d'entente amicale qui allait s'affirmer à Cronstadt et prévaloir plus tard, dans l'intérêt de la paix européenne.

L'histoire associera dans ce rapprochement des deux grandes nations, russe et française, le nom de M. de Laboulaye à ceux du Tzar Alexandre II et des Présidents Carnot et Faure. En d'autres circonstances, il eût été juste d'y ajouter le nom du Ministre des Affaires étrangères qui occupait le pouvoir au moment où se déroulaient ces grands événements ; mais il serait peut-être excessif, dans le cas particulier, d'attribuer au ministre de cette époque un honneur qu'il ne revendique pas et de lui imposer la responsabilité d'une politique qu'il n'a approuvée que sous la pression de l'opinion publique.

Il semblait qu'ayant jeté les bases de l'alliance franco-russe, M. de Laboulaye dût avoir tout loisir d'en suivre à Saint-Pétersbourg le développement, pendant de longues années. Il n'en a rien été : un léger dissentiment, sur une question toute personnelle, avec le ministère des affaires étrangères a provoqué le retour de l'ambassadeur. M. de Laboulaye, qui avait été fait commandeur de la Légion d'honneur le 13 juillet 1883, a été fait grand officier le 11 juillet 1891, mis en disponibilité le 1er août suivant et admis définitivement à la retraite en décembre 1896.

M. DE MONTEBELLO

Ambassadeur de France à St-Pétersbourg

LE COMTE DE MONTEBELLO

AMBASSADEUR DE FRANCE A SAINT-PÉTERSBOURG

Un nom illustre dans l'histoire diplomatique de la France, une grande allure, une belle fortune toujours au service des œuvres généreuses, une expérience et une adresse professionnelles hautement appréciées au quai d'Orsay, telles sont les qualités personnelles qui distinguent notre ambassadeur près la cour de Russie.

M. le comte Gustave Lannes de Montebello, né le 4 octobre 1838, est le petit-fils du maréchal de l'Empire et le fils du duc qui fut ministre de la marine et ministre des affaires étrangères sous Louis-Philippe, puis ambassadeur sous Napoléon III. Reçu licencié en droit, il entra au ministère des affaires étrangères, en 1858. A ce moment commence sa carrière diplomatique qui se poursuit avec une régularité dont ses états de service font foi. Attaché à l'ambassade de Saint-Pétersbourg en 1859, à Rome en 1862, il est nommé secrétaire de 3e classe à Madrid en 1863 ; il entre au cabinet du marquis de Moustiers, ministre des affaires étrangères, le 7 novembre 1866 ; de là, il est envoyé, comme 2e secrétaire, au Japon en mars 1868, puis à Saint-Pétersbourg, le 3 avril 1870. Il rentre en France pour prendre part à la guerre franco-allemande.

Chevalier de la Légion d'honneur depuis 1867, il est fait officier en mai 1871, sur la proposition du ministre de la guerre. Après la conclusion de la paix, il reprend le cours de sa carrière et retourne à Saint-Pétersbourg et de là est envoyé à Washington, comme deuxième secrétaire, en mai 1872. M. Léon Say, devenu ministre des finances, l'appela comme chef de son cabinet ; il occupa ce poste, de février 1875 à mai 1876. Après ce séjour à Paris, il est nommé premier secrétaire à Madrid, en décembre 1876, puis à Londres, en janvier 1878 ; il est maintenu à ce poste comme ministre plénipotentiaire, en août 1878. De là, il est nommé à Munich en 1880 et à Bruxelles en 1882. Il est chargé ensuite de l'ambassade de Constantinople en 1886, où il est promu au grade de commandeur de la Légion d'honneur. Enfin il est appelé à remplacer à Saint-Pétersbourg M. de Laboulaye, en août 1891 et élevé à la dignité de grand-officier, en juillet 1895.

Il n'est guère de carrière diplomatique plus longue, plus régulière que celle de M. de Montebello ; il n'est guère, peut-être aussi de fonctionnaire qui ait fait à l'étranger des séjours plus fréquents, plus prolongés : sauf deux interruptions, en 1866 et en 1885, M. de Montebello, qui compte trente-huit ans de service, en a passé plus de trente dans les postes les plus lointains. Aussi a-t-il acquis une expérience consommée et une autorité rare, dont a grandement profité le gouvernement de la République à Constantinople et à Saint-Pétersbourg.

L'ambassade de France, partout où M. de Montebello en a été le titulaire, est devenue le rendez-vous de la haute société qu'ont toujours su attirer et retenir la large hospitalité de l'ambassadeur et la parfaite distinction de l'ambassadrice, Mme de Montebello (née Guillemin, nièce de M. Léon Say et petite-fille de cette femme de grand esprit et de grand cœur qui fut Mme Cheuvreux). Mme de Montebello a laissé parmi nos compatriotes établis en Orient un impérissable souvenir par sa générosité inépuisable à l'égard de toutes les œuvres françaises. Il nous sera permis de rappeler — dût sa modestie en être un peu blessée — que, lors de la reconstruction de l'hôpital français de Constantinople, ce fut l'ambassadrice qui fit, de ses deniers personnels, l'avance des fonds nécessaires aux premiers travaux, en attendant que le gouvernement français fût en mesure d'obtenir un crédit budgétaire.

La grande situation occupée par M. de Montebello à Constantinople a servi, de la façon la plus utile, les intérêts français et fortifié le prestige du gouvernement de la République. Notre ambassadeur a su gagner la confiance du Sultan, qui, en mainte occasion, lui a donné des témoignages éclatant de son estime. Au point de vue politique, les résultats de l'influence personnelle de l'ambassadeur de France se sont clairement manifestés en diverses circonstances, et notamment en 1887, où il lui fallut user de tout son crédit pour déjouer les intrigues de certaine puissance rivale. Au point de vue économique, cette influence n'a pas peu contribué à assurer à l'industrie française le bénéfice de concessions importantes de la part du gouvernement ottoman. On n'a pas oublié les visites que fit l'escadre française à deux reprises, en 1889 et en 1890, à Constantinople, et les témoignages de sympathie que le Sultan prodigua à nos marins dans ces circonstances : ceux-ci recueillaient évidemment ce que le représentant de la France avait semé dans l'esprit d'Abdul-Hamed.

A son départ de Constantinople, M. de Montebello a reçu des mains du Sultan l'ordre de l'Imtiaz, qui, en principe, est réservé aux souverains et n'est accordé qu'à un très petit nombre d'ambassadeurs.

L'action de M. de Montebello à Saint-Pétersbourg ne fut pas moins active et moins féconde. Il y arrivait, précédé par sa réputation personnelle et il y retrouvait aussi les souvenirs laissés par son père et par sa mère. Celle-ci avait une situation exceptionnelle dans l'aristocratie russe, qui avait pu apprécier le charme et la haute distinction de l'ambassadrice, pendant les huit années que M. de Montebello père avait occupé l'ambassade de France ; on n'avait pas oublié à la cour de Russie avec quel tact il avait pu amener un rapprochement avec la France, peu après la guerre de Crimée.

A ce propos, il est permis de regretter que la politique d'entente pratiquée avec succès par M. de Montebello père n'ait pas été suivie par le gouvernement impérial. Les démonstrations de la France en faveur de la Pologne, en 1863, mécontentèrent les Russes et les rapprochèrent de la Prusse. Qui peut dire si, sans cette manifestation, toute platonique qu'elle fût, les événements n'auraient pas suivi un autre cours? La France et la Russie, unies trente ans plus tôt, pouvaient empêcher la guerre des Duchés (1864), rendaient impossible peut-être la guerre de 1866 et, si celle de 1870 n'était évitée, l'entrée en ligne de la Russie en modifiait l'issue. Pures hypothèses, sans doute, mais combien vraisemblables !

Quoi qu'il en soit, le nom de Montebello est resté entouré du respect et de la sympathie universels à Saint-Pétersbourg. Notre ambassadeur en a acquis la preuve, dès son arrivée, et s'il n'a pas eu l'honneur de créer l'alliance franco-russe, il a eu l'habileté de consolider l'œuvre de son éminent prédécesseur, M. de Laboulaye. Il a trouvé, auprès de l'empereur Alexandre III, l'accueil le plus empressé et jouit auprès de son sucesseur Nicolas II d'une faveur toute personnelle, qui se manifeste, en toutes circonstances, pour le plus grand bien des relations de la Russie et de la France. Il a eu l'occasion de représenter la République aux fêtes du couronnement à Moscou et l'on a pu constater que le doyen du corps diplomatique savait mettre à profit cette nouvelle occasion de faire honneur à son pays.

M. LOZÉ

Ambassadeur de France à Vienne

M. LOZÉ

AMBASSADEUR DE FRANCE A VIENNE

Un diplomate recruté dans l'administration préfectorale, comme M. Cambon et M. Decrais Sous-préfet à 27 ans, ambassadeur de France à 43 ans. Belle allure, grande aménité doublée d'une vigueur physique et morale : une main de fer dans un gant de velours.

M. Lozé (Henri-Auguste) est né le 21 janvier 1850. Il débuta dans l'administration préfectorale, le 21 février 1877, comme sous-préfet de Commercy ; il fut révoqué quelques mois plus tard par M. de Broglie, le 16 mai. Le 30 décembre de la même année il fut replacé. Dès lors, sa carrière administrative fut régulière et rapide. Sous-préfet de Béthune le 12 janvier 1880, de Brest, le 30 mars 1881, il devint préfet du Cantal, le 5 octobre 1884, secrétaire général de la Préfecture de police, le 25 avril 1885, préfet de la Somme, le 11 novembre 1886 et préfet de police, le 10 mars 1888.

M. Lozé occupa ce poste difficile, pendant près de cinq années (10 mars 1888 au 13 novembre 1893). C'est assez dire de quelles qualités de souplesse il a dû faire preuve. Vivre en bonne harmonie avec le conseil municipal de Paris, résister aux attaques souvent excessives de la presse, réparer les bévues de certains agents trop zélés, endosser la responsabilité de leurs violences ou de leurs erreurs, tel est le rôle, parfois ingrat, d'un préfet de police. M. Lozé sut s'acquitter de cette tâche avec talent, désarmant par sa bonne humeur les adversaires les plus farouches du conseil municipal et supportant avec esprit les quolibets de certains autres, qui avaient entrepris d'ameuter les amis de la race canine contre ce qu'ils appelaient les persécutions de M. Lozé.

Il a connu les joies de la caricature et son ordonnance de police contre les chiens sans muselière lui a valu les honneurs de l'impopularité, pendant quelques jours.

Le préfet de police eut d'ailleurs d'autres chiens à museler que les *toutous*, plus ou moins enragés des vieilles concierges. Il eut à donner la chasse aux anarchistes de l'école Ravachol, qui terrorisèrent Paris et la France entière, pendant les derniers mois de 1892 et les premiers de 1893.

M. Lozé fit montre, pendant cette période douloureuse, d'une activité infatigable et d'une énergie peu commune.

Mais, à ce dur métier, l'homme le plus résistant finit par s'user. M. Lozé a résisté plus longtemps que d'autres, mais a dû céder la place. Le 13 novembre 1893, il fut nommé ambassadeur de France à Vienne.

Le personnel diplomatique, s'il prit ombrage de cette nomination, par esprit de corps, eut tort. Les fonctions de préfet de police, si dissemblables qu'elles puissent paraître avec le rôle d'un ambassadeur, sont, à tout prendre une excellente préparation à la carrière diplomatique. Le poste d'ambassadeur à Vienne, en particulier, est avant tout un poste d'observation. Il faut avoir, pour l'occuper, un ensemble de qualités, les mêmes qui sont essentielles à un bon préfet de police ; une oreille fine qui entend à demi-mot, un esprit subtil qui sait tirer des déductions d'un fait, fût-il minime en apparence. Or, l'Autriche-Hongrie, par sa situation géographique, au centre de l'Europe, est un véritable observatoire diplomatique, d'où la vue porte au loin, avec des télescopes de bonne qualité.

Vienne est un centre politique, où passent forcément toutes les informations de l'Europe orientale, commençant sur le Danube et finissant au Caucase, où se nouent et se dénouent les mille intrigues dont est faite la politique des Etats balkaniques. La cour impériale de Vienne est, en outre, en relations amicales avec la France, bien que les chancelleries d'Autriche-Hongrie soient engagées dans la Triple-Alliance, et peut-être à cause de cela. La monarchie austro-hongroise, essentiellement pacifique, s'efforce visiblement d'adoucir les heurts entre les nations européennes; en toute occasion, elle l'a prouvé et l'Empereur François-Joseph doit à son âge et à son caractère le privilège de faire entendre à ses alliés des paroles de prudence et de modération.

Dans ces conditions, la situation de l'ambassadeur de France a acquis une importance sérieuse. M. Lozé l'occupe avec honneur.

Nommé chevalier de la Légion d'honneur le 10 juillet 1885, il a été promu officier le 12 juillet 1888 et commandeur le 31 mars 1891.

M. LE COMTE DE MOUY

Ancien ambassadeur de France à Rome

M. LE COMTE DE MOÜY

ANCIEN AMBASSADEUR DE FRANCE A ROME

Diplomate de carrière, écrivain distingué, causeur disert, M. de Moüy a mené de front la littérature et la diplomatie. Partout où les hasards administratifs l'ont conduit, il a su trouver des sujets d'études ; il a rapporté de ses voyages à travers l'Europe des documents précieux et des observations personnelles, qui donnent à ses ouvrages une valeur spéciale et un intérêt indiscutable.

La diplomatie l'attirait visiblement moins que la littérature. Il est devenu ambassadeur ; il a toujours été homme de lettres ; il est permis de penser que le littérateur, qu'il est encore, a mis en relief le diplomate qu'il a été.

M. le comte Charles de Moüy, né le 11 septembre 1834, est entré le 26 juillet 1862 au ministère des affaires étrangères, comme attaché. Il devint successivement 3e secrétaire en 1865, 2e en 1868 et 1er en 1875, en résidence à Constantinople d'abord, puis à Berlin (1878), enfin à Vienne (1879). Cette période, de 1875 à 1879, a été particulièrement heureuse pour M. de Moüy : il eut l'occasion de faire montre des qualités de rédacteur émérite qui le distinguent. Il fut, tour à tour, secrétaire de la conférence de Constantinople (décembre 1876 au 22 janvier 1877), au moment où l'Europe s'efforçait de prévenir la guerre russo-turque ; puis du Congrès de Berlin (13 juin à 13 juillet 1878), dont il a rédigé les protocoles ; enfin de la conférence de Berlin (juin 1880), qui avait assumé la tâche délicate de fixer les limites nouvelles de la Grèce.

Entre temps, il avait eu la gérance de l'ambassade de Constantinople, pendant la guerre d'Orient, entre le départ de M. Fournier (25 janvier 1877) et l'arrivée de M. Tissot (17 février 1878).

Chevalier de la Légion d'honneur depuis 1869, M. de Moüy fut promu au grade d'officier en 1877, en récompense des services que nous venons de rappeler.

Il fut nommé ministre plénipotentiaire le 23 janvier 1880 et, à ce titre, chargé de la sous-direction du Nord, aux affaires politiques du quai d'Orsay. Quelques mois plus tard (20 octobre 1880), il fut envoyé à la légation de France à Athènes. Il y fut bien accueilli et prit une place privilégiée dans la société athénienne, grâce à la sympathie qu'il sut inspirer à la nation grecque, dont il avait défendu naguère les revendications à Constantinople et dont il chanta le patriotisme dans une série de lettres restées fameuses ; grâce aussi au caractère affable de Mme de Moüy, qui fut pour lui l'auxiliaire dévouée et habile que peut être la femme d'un diplomate, quand elle sait rester française, au sens préis du mot.

Envoyé à Rome comme ambassadeur, M. de Moüy y eut des difficultés avec le premier ministre, M. Crispi (juillet 1886). C'était l'époque où le différend franco-italien devenait aigu et où la rupture des relations commerciales apparaissait comme probable.

Un autre que M. de Moüy eût-il réussi à remonter le courant de mauvaise humeur que M. Crispi ne prenait aucun soin de dissimuler ? A Rome on le dit, aujourd'hui que le vent de malveillance qui soufflait alors est quelque peu tombé. On l'a peut-être pensé à

Paris ; on doit être revenu à une conception plus exacte de la situation difficile qu'a eu à traverser l'ambassadeur de France de 1886 à 1888.

Quoi qu'il en soit, M. de Moüy fut rappelé en novembre 1888, placé dans la position de disponibilité, où il resta jusqu'en 1894 et fut admis à la retraite cette même année.

Il avait été fait commandeur en 1891.

M. de Moüy, qui est membre de la Société des Gens de Lettres et qui tient beaucoup à ce titre, a un bagage littéraire important. Il a publié outre les *Lettres du Bosphore* et les *Lettres Athéniennes*, des ouvrages historiques, *La Correspondance de Stanislas-Auguste Poniatowski avec Madame Geoffrin*, *L'ambassade du duc de Créquy à Rome*, *Discours sur l'Histoire de France*, *Don Carlos et Philippe II* ; enfin de nombreuses études sur les questions de politique extérieure et de critique d'art.

M. LÉMAIRE

Ancien ministre plénipotentiaire à Pékin

M. LEMAIRE

MINISTRE PLÉNIPOTENTIAIRE

ANCIEN RÉSIDENT GÉNÉRAL A HUÉ

Un des rares Français qui aient fait un long séjour en Chine et qui parlent le Chinois, le seul sans doute qui en connaisse assez toutes les finesses pour se permettre des jeux de mots dans cette langue. Peu de diplomates français ont su mieux que lui pénétrer le caractère du monde officiel de la Chine ; peut-être cependant s'est-il exagéré la puissance de l'Empire du Milieu, dont l'immensité lui avait fait illusion. Peut-être aussi a-t-il vu et prévenu qui il avait mission de renseigner et n'a-t-il pas été entendu, ni même écouté. Cela est arrivé ailleurs et à d'autres.

M. Lemaire (Victor-Gabriel), né le 3 juin 1839, a débuté dans la carrière consulaire en 1855, comme interprète de la langue chinoise à Shanghaï, d'où il fut envoyé à Canton, en

1859. A ce titre, il fut détaché auprès du commandant en chef du corps expéditionnaire de Chine, en 1860, et nommé chevalier de la Légion d'honneur, en 1861. Promu à la 3e classe de son grade, en 1865, il fut attaché à la légation de France à Pékin jusqu'en 1872. Nommé au grade de consul de 2e classe à Fou-Tchéou, en 1872, il quitta cette résidence pour celle de Canton, en 1878, fut élevé à la 1re classe, l'année suivante, transféré à Hong-Kong, en 1881 et promu consul général à Calcutta, en 1882.

Il n'y resta qu'une année et fut envoyé, en 1883, à Shanghaï, où il reçut du ministère de la marine et des colonies la mission d'aller à Hué comme résident général, avec le grade de ministre plénipotentiaire (6 septembre au 13 février 1886).

A la suite de cette mission, M. Lemaire fut nommé officier de la Légion d'honneur et délégué par le Gouvernement français à la Commission de délimitation des Etats du Sultan de Zanzibar (avril à décembre 1886). On sait quels ont été les résultats des travaux de cette commission, où les convoitises allemandes et les âpretés anglaises se sont donné librement carrière. Le partage des possessions du Sultan y a été réglé suivant les convenances et l'appétit de deux puissants convives. Le représentant de la France assista à cette agape en spectateur résigné, à qui son gouvernement avait donné la consigne de n'avoir pas faim. Il ne serait pas juste de reprocher à M. Lemaire de n'avoir pas revendiqué, au moment utile, une part du gâteau africain : il s'est tu par ordre.

En 1887, M. Lemaire fut chargé de la légation de France, à Pékin. Il y est resté jusqu'en 1893. Pendant cette période, M. Lemaire a fait de louables efforts pour développer l'influence française en Chine ; il y a réussi en partie, moralement tout au moins ; car il faut considérer comme un véritable succès la cérémonie d'inauguration de la cathédrale catholique de Peitang, à laquelle le Ministre de France présida en personne et avec solennité. Etant donnés l'état des esprits et l'hostilité qui s'était avivée contre les étrangers, avec un redoublement d'intensité, à cette époque, une pareille manifestation avait une grande importance.

Il est à regretter que le ministre de France n'ait pas eu la possibilité de tirer parti de l'influence morale, dont cette manifestation d'ordre religieux est la marque évidente, pour obtenir au profit de la France les avantages d'ordre industriel et commercial, que le ministre d'Allemagne, M. de Brandt, a pu assurer à ses nationaux. Ce n'est pas que M. Brandt ait eu de la Chine une connaissance plus parfaite que M. Lemaire. Ce n'est pas que celui-ci n'ait été animé du désir de servir efficacement les intérêts de ses nationaux, tout comme le représentant de l'Empire allemand. Sans doute il faut chercher ailleurs l'explication des progrès considérables réalisés en Chine par les industriels allemands. Ce qui est vrai en Chine l'est dans bien d'autres pays. Nos nationaux attendent trop de leur gouvernement et le gouvernement est trop souvent porté, par instinct et par nécessité, à faire sourde oreille.

M. PAUL RÉVOIL

Ministre plénipotentiaire
Adjoint au Résident général de France à Tunis

M. PAUL RÉVOIL

MINISTRE PLÉNIPOTENTIAIRE, ADJOINT AU RÉSIDENT GÉNÉRAL A TUNIS

Du groupe des jeunes qui sont en passe de gouverner la République, contemporain des Poincaré, des Millerand — pour ne citer que ces deux noms antithèses,— M. P. Révoil appartient à la génération des hommes que la conférence Molé a unis dans un même amour de la liberté et a préparés à la vie politique. Plusieurs sont députés depuis longtemps, quelques-uns ont été ministres, d'autres le deviendront sûrement, avant la quarantième année ; tous se tiennent les coudes, se poussent et occupent dans l'Etat des situations enviables et enviées. Leur devise est : *Aidons-nous*, et leur mot de ralliement : *Place aux jeunes !...*

Esprit délié, intelligence vive, caractère souple, humeur aimable, M. Révoil a les qualités qui assurent le succès à celui que la nature en a gratifiés.

Né le 23 mai 1856, M. Paul Révoil est fils d'un architecte diocésain qui est un véritable artiste. Originaire de Nîmes, il a eu aussi l'heureuse fortune d'être le neveu d'un écrivain de talent, doublé d'un homme de cœur, M. Pierre Baragnon, qui a été pour lui un guide sûr et un maître éclairé.

Il a la chaleur de sentiments du Méridional, sans en avoir les défauts, ni l'exubérance.

C'eût été grand dommage qu'il ne devînt pas diplomate. Il en a toutes les qualités serieuses, moins la morgue, masque élégant sous lequel se dissimule la nullité de quelques-uns.

Et pourtant il est devenu diplomate, moins par vocation que par un heureux concours de circonstances. Le hasard est parfois un dieu bienfaisant.

Au sortir de la conférence Molé, où il avait brillé par la sûreté de ses jugements et l'élégance de ses discours, M. Révoil se fit inscrire au barreau de Paris. C'est là qu'un sous-secrétaire d'État, bien inspiré, alla le choisir comme chef de cabinet, en janvier 1886. Il se trouva que ce sous-secrétaire d'État, M. de la Porte, fut chargé de l'administration des colonies, et que son jeune chef de cabinet était un esprit d'élite. L'un et l'autre comprirent, tout de suite, la grandeur de la tâche qui leur était dévolue et ils s'y adonnèrent tous deux, avec la conscience et l'intelligence qu'ils savent apporter en toutes choses. M. de la Porte, n'a pas oublié de quel prix lui fut la collaboration de M. Révoil et l'administration des colonies a gardé de l'un et de l'autre un souvenir reconnaissant. Quand M. de la Porte revint au pouvoir, en février 1888, M. Révoil reprit ses fonctions de chef de cabinet : personne n'aurait compris qu'il en fut autrement, tant était grande la confiance que celui-ci inspirait à celui-là, tant était profond le dévouement de celui-là pour celui-ci.

Une telle collaboration devait être féconde; elle l'a été. M. Révoil a pris une part active à l'œuvre coloniale de M. de la Porte; il y a acquis aussi l'expérience des hommes et des choses des colonies, qui devait lui être profitable par la suite.

Entre temps M. Révoil avait été nommé commissaire-adjoint des colonies à l'Exposition de 1889. En quittant le cabinet de M. de la Porte, (février 1889), il eut, dès lors, le loisir de donner son concours actif à l'organisation de la section coloniale de l'Esplanade des Invalides. Il eut sa part dans les résultats utiles de cette manifestation qui fut, selon un mot spirituel, le succès de l'Exposition et l'Exposition du succès. Elle eut surtout des conséquences importantes au point de vue politique. Ainsi que Jules Ferry, au cours d'une visite à l'Esplanade des Invalides, le disait aimablement aux commissaires des colonies : « Vous avez visiblement cherché à réconcilier la France avec le Tonkin ; la foule témoigne que vous y avez réussi. » L'illustre homme d'Etat n'ignorait pas combien il avait fallu d'efforts patients pour en arriver là ; mais il ne pouvait pas supposer ce que pareille œuvre coûterait de souffrances morales au modeste fonctionnaire, qui en avait assumé la responsabilité. *Sic vos non vobis...*

M. Révoil, du moins, n'a pas connu, pour lui-même, toutes les amertumes de l'injustice. Ses services ont été hautement appréciés, comme ils méritaient de l'être. Choisi comme chef de cabinet par M. Develle, il a marqué sa place au ministère de l'agriculture, comme au sous-secrétariat d'Etat des colonies, comme au ministère des affaires étrangères, où il suivit M. Develle (janvier 1893,) avec le grade de consul général. Là, ses qualités éminentes trouvèrent le véritable terrain où elles pouvaient s'exercer.

M. Révoil était arrivé enfin, sans l'avoir désiré, à la situation qui convenait le mieux à ses aptitudes.

En 1894, M. Hanotaux, ministre des affaires, le désigna comme Directeur du cabinet et lui conféra le grade de ministre plénipotentiaire (12 janvier 1896).

M. Berthelot en a fait l'adjoint de M. Millet, résident général à Tunis. Je ne sais qui il faut le plus féliciter de cette décision intelligente, de M. Berthelot, de M. Millet ou de M. Révoil ; mais je sais bien qui en bénéficiera, sûrement : c'est la Tunisie.

M. COGORDAN

Ministre plénipotentiaire au Caire

M. COGORDAN

MINISTRE PLÉNIPOTENTIAIRE AU CAIRE

Un juriste, un lettré, docteur en droit, licencié ès lettres, qui a cherché sa voie dans la diplomatie et est arrivé, jeune, aux sommets de la hiérarchie, poussé par un heureux concours de circonstances. Au demeurant, homme du monde, d'allure aimable et digne, écrivain élégant, qui a attaché son nom à diverses publications juridiques ou historiques, toutes fort estimées.

M. Cogordan (Georges), né le 16 mai 1849, débuta au ministère des affaires étrangères comme attaché, le 23 mai 1874. Il avait 25 ans. Nommé secrétaire d'ambassade, le 29 novembre 1877, à la suite d'un concours où il avait été classé le premier, il était promu à la 2e classe, le 27 mai 1879 et à la 1re, le 1er février 1883. Il passait avec ce grade de la sous-direction du contentieux, où il avait donné la mesure de ses aptitudes spéciales, au cabinet de M. de Freycinet, ministre des affaires étrangères. Le 16 octobre 1880, il revenait au service du contentieux, avec le grade de conseiller d'ambassade. Il avait 35 ans et six ans et demi de service. Il est peu d'exemples d'une carrière aussi rapide. Il est juste d'ajouter qu'il a bénéficié des démissions nombreuses qui se sont produites au moment opportun pour lui.

Le 15 février 1882, M. Cogordan devint le collaborateur de M. Decrais, directeur des affaires politiques; il fut chargé de la sous-direction du Midi et de l'Orient et nommé chevalier de la Légion d'honneur, le 14 juillet 1882. Il fut délégué comme secrétaire de la commission internationale du canal de Suez, qui siéga à Paris de mars à juin 1885. La part qu'il prit aux travaux de cette commission lui valut la rosette d'officier de la Légion d'honneur (juin 1885). A quelques mois de là, il fut envoyé en mission en Chine, pour la conclusion du traité de commerce, prévu par le traite de paix, qui avait mis fin aux opérations militaires du Tonkin et dans la mer de Chine. Nous voudrions pouvoir affirmer que cette mission, qui dura une année, ne fut pas un simple voyage d'agrément. On se demande s'il n'eût pas été plus conforme aux véritables intérêts commerçiaux de la France en Extrême Orient que M. Cogordan, au lieu de suivre la voie des Etat-Unis, passât par la Cochinchine, s'arrêtât à Saïgon et y recueillît sur place des indications d'ordre économique, qui lui ont visiblement fait défaut. Il n'en fut pas moins nommé chargé d'affaires à Pékin, le 15 octobre 1885, et ministre plénipotentiaire, le 25 avril 1886, à l'âge de 37 ans, après douze ans de services. C'était, il faut l'avouer, la récompense hâtive de services discutables, car on ne peut oublier que le traité négocié par lui, qui fut le prétexte de cet avancement immodéré, dut être remanié ultérieurement sur les plaintes motivées du commerce indo-chinois. Il resta peu de temps en Chine, et après un voyage en Corée (mai juin 1886), où il passa un traité de commerce, il rentra en France et fut mis à la tête de la sous-direction du service des affaires politiques. Il fut désigné, en novembre 1889 et juillet 1890, comme plénipotentiaire français à la Conférence anti-esclavagiste de Bruxelles.

M. Ribot, appelé au Ministère des affaires étrangères, en mars 1890, confia à M. Cogordan la direction de son cabinet, poste qu'il quitta brusquement, pour occuper les fonctions de délégué à la commission du Danube.

En 1893, M. Cogordan a été chargé de l'agence et du consulat général de France au Caire. Il y a succédé au marquis de Reverseaux ; il a cru le remplacer ; il n'y a guère qu'au quai d'Orsay qu'on puisse encore entretenir quelques illusions, à cet égard.

L'agence française du Caire est un poste diplomatique important entre tous. Il n'en est point où le représentant de la France ait à déployer plus d'activité et de vigilance, plus de souplesse et de fermeté à la fois. Il y faut entretenir avec les autorités khédiviales des relations amicales et avec les agents britanniques des rapports courtois. M. de Reverseaux avait su comprendre cette nuance délicate et y conformer son attitude avec un tact parfait. Il avait su gagner la confiance des Egyptiens, ce qui est au fond tout le secret de notre influence. Le peuple égyptien gardera longtemps le souvenir du diplomate d'élite qui n'a fait chez lui qu'un trop court séjour. Dans les circonstances graves que traverse l'Egypte, il est à désirer que l'agent général de la France sache s'inspirer des traditions que lui a léguées son éminent prédécesseur.

M. Cogordan, qui est président du Conseil général des Basses-Alpes, a été sollicité, en 1894, de poser sa candidature au Sénat; il est peut-être regrettable qu'il n'ait pas cédé à ces amicales instances. Quoi qu'il en soit, il est à craindre que son successeur en Egypte ne retrouve plus la situation que M. Cogordan lui-même avait eu la bonne fortune de recueillir de M. de Reverseaux.

Ecrivain distingué, M. Cogordan a publié, en 1879, comme thèse de doctorat en droit, une étude sur la *Nationalité*, qui a été rééditée en 1890 : c'est le meilleur ouvrage que l'on ait sur ce sujet difficile de droit international. Il a publié, en outre, dans la *Revue des Deux-Mondes*, plusieurs études remarquées telles que le *Ministère des Affaires étrangères pendant la Révolution*, les *Fouilles de Pergame*, les *Missions catholiques en Chine*, le *Cardinal Maury* et enfin, tout récemment, *Malherbe*.

M. RODIER

Résident supérieur en Indo-Chine

M. RODIER

RÉSIDENT SUPÉRIEUR EN INDO-CHINE

Polytechnicien, ce qui est un titre ; homme d'intelligence et de volonté, ce qui est mieux qu'une étiquette. M. Rodier a apppartenu à l'armée, avant d'entrer dans la carrière coloniale. L'administrateur n'a conservé de son passé militaire que les qualités positives du soldat, l'habitude du commandement, la précision de l'esprit, la netteté concise du style : il a l'horreur du panache et du clinquant. Il est de ceux qui pensent que l'autorité administrative et politique s'acquiert avec plus d'efficacité et s'exerce plus sûrement par la justesse dans le dessein et la justice dans l'exécution que par l'apparat et la solennité. Il a prouvé en Indo-Chine qu'il savait régler sa conduite d'après ses principes.

M. Rodier (François-Pierre), né à Toulouse en 1854, est entré à l'Ecole polytechnique en 1873 ; il en est sorti, en 1875, dans un rang excellent, qui lui laissait le choix de sa carrière. Il a opté pour l'artillerie de marine. L'évènement a montré qu'il avait vraiment « le flair de l'artilleur », je veux dire la vision claire de son avenir.

Nommé capitaine, il fit un séjour de trois ans à la Réunion (1880-1883). A son retour en France, il fut attaché à l'état-major particulier du ministre de la marine et des colonies, M. Charles Brun, comme officier d'ordonnance. Il conserva cette fonction auprès de l'amiral Peyron et de l'amiral Galibert. Il se signala par des travaux remarqués et notamment par une étude sur la perforation des murailles cuirassées, qui fut reproduite dans les annales techniques des diverses armées étrangères.

En 1886, M. Rodier fut détaché au Sous-Secrétariat d'Etat des Colonies, qui avait alors pour titulaire M. de La Porte, et montra dans cette situation, par son entente des questions coloniales, de quoi il était capable dans cet ordre d'idées.

L'année suivante, il fut nommé résident de 1re classe en Indo-Chine. Depuis cette époque, il a occupé les postes les plus importants et les plus divers. En sa qualité d'ancien officier, il fut chargé de l'administration des provinces réputées les plus difficiles, pendant la période troublée de notre établissement au Tonkin. Il fut tour à tour, par la suite, chef de cabinet du gouverneur général, résident supérieur par intérim, puis résident supérieur titulaire en 1894, et, à ce titre, chargé de l'intérim du gouvernement général, depuis le départ de M. de Lanessan jusqu'à l'arrivée de M. Rousseau.

La simple énumération des postes occupés par M. Rodier prouve suffisamment à quel degré ce haut fonctionnaire possède la connaissance de l'Indo-Chine et, en particulier, du Tonkin. Aussi bien, dans un de ses derniers rapports, il indiquait de la façon la plus claire qu'il appréciait sainement la situation politique du Tonkin. « Si, depuis deux ans et plus, écrivait-il à la fin de 1894, on a pu constater les heureux effets, au point de vue de la pacification, de la politique inaugurée vers le milieu de 1891, il est aujourd'hui démontré, par une expérience déjà longue, que les résultats acquis étaient durables. Par leur attitude et par un concours dévoué de chaque heure, apporté à l'œuvre de la pacification, les fonctionnaires annamites et les populations indigènes se sont chargés de prouver, d'une manière indéniable, que l'administration du protectorat, s'inspirant des principes nouveaux, avait eu raison de compter sur l'influence des mandarins et sur le bon esprit des habitants et d'inaugurer une politique loyale, basée sur la confiance réciproque de la nation protectrice et de ses protégés. ».

Cette politique loyale, M. Rodier l'a pratiquée dans les diverses fonctions qui lui ont été confiées au Tonkin. M. de Lanessan, ancien gouverneur général de l'Indo-Chine, qui a eu le loisir d'apprécier la valeur de son collaborateur, lui a rendu, à cet égard, justice complète dans son livre *La colonisation Française en Indo-Chine* : « Esprit souple et hardi, travailleur infatigable et d'une conscience profondément honnête, il fut l'un des premiers à comprendre tout le profit que nous pouvions tirer de la collaboration loyale des autorités annamites et il a su déterminer autour de lui, d'abord comme résident de Nam-Dinh, puis comme résident supérieur du Tonkin, la loyauté de cette collaboration. Entre ses mains, la résidence supérieure du

Tonkin sera fructueuse en progrès de toutes sortes. »

Rien de plus flatteur que ce témoignage public de l'ancien gouverneur général de l'Indo-Chine. Le résident supérieur du Tonkin a justifié de tous points les pronostics de M. de Lanessan et le ministre des Colonies sait aussi qu'il a dans M. Rodier un agent « à l'esprit souple et hardi », qui sera à la hauteur de toutes les missions qu'il pourra lui confier.

M. SAVORGNAN DE BRAZZA

Commissaire général du Congo français

M. LE COMTE SAVORGNAN DE BRAZZA

COMMISSAIRE GÉNÉRAL DU CONGO FRANÇAIS

Italien d'origne, officier de marine au titre étranger, M. de Brazza a mérité d'entrer dans la famille Française, par l'éclat des services qu'il a rendus à sa patrie d'adoption. Devenu Français par sympathie, l'explorateur du Congo a ajouté au patrimoine de la France de vastes territoires, sans violences, et porté avec honneur le drapeau de la civilisation, à travers les tribus indigènes de l'Ogooué.

M. le comte Savorgnan de Brazza (Pierre-Paul-François-Camille), est né le 20 janvier 1852, en rade de Rio de Janeiro, à bord de *La Vénus*. Son nom patronymique est de Brazza Savorgnani. Il fit ses études à Paris et entra à l'école navale de Brest, au titre étranger, en 1868. Il prit part aux opérations de la flotte, en 1870, dans l'escadre de la mer du Nord, et plus tard sur les côtes d'Algérie.

L'amiral Quilliot le choisit comme officier d'ordonnance dans l'escadre de l'Atlantique Sud (1872-1874). A la fin de cette campagne, M. de Brazza demanda et obtint ses lettres de naturalisation et fut nommé enseigne de vaisseau en 1875. La même année il fut chargé d'une mission dans le Haut Ogooué : il était accompagné de M. Ballay, médecin de la marine (aujourd'hui gouverneur de la Guinée-Française), et de M. Marche, naturaliste. Ce premier voyage ne dura pas moins de trois années. Du Gabon la mission remonta l'Ogooué jusqu'à Lopez; puis M. de Brazza s'avançant vers le Sud-Est, arriva jusqu'à l'Alima, qu'il suivit pendant une partie de son cours, et parvint jusqu'aux cataractes de Djaumé. C'est là qu'il rencontra ses compagnons de voyage qui avaient poussé leur reconnaissance vers la Licona, affluent du Zaïre. Exténué de fatigue, manquant de tout, M. de Brazza, avec ses amis, revint au Gabon (30 novembre 1878), après avoir exploré d'immenses étendues de territoire, enduré mille souffrances, vaincu des difficultés inouies et gagné à sa cause, c'est-à-dire à celle de la France, les populations indigènes, moins par la crainte que par la douceur et la persuasion.

A son arrivée en France, M. de Brazza apprit les découvertes de M. Stanley, qui faisaient grand bruit en Europe. Il comprit le danger que courait l'influence française, si on laissait à l'explorateur étranger le champ libre et il conçut le projet d'atteindre le cours supérieur du Congo par l'Alima et l'Ogooué. Le gouvernement entra dans ses vues, en lui confiant une nouvelle mission, à laquelle fut encore adjoint M. Ballay. A la même époque, M. de Brazza fut promu enseigne de vaisseau, au titre français, (14 septembre 1879) et mis à la disposition du comité de l'Association africaine.

C'est au cours de ce second voyage qu'il devait recueillir le fruit de ses précédentes découvertes et tailler à la France un immense empire au cœur de l'Afrique. Parti de Bordeaux, le 27 décembre, il gagne sans retard le cours supérieur de l'Ogooué et fonde, à plus de 800 kilomètres de la côte, le premier poste français auquel il donne le nom de Franceville ; puis, se dirigeant vers le Sud, à travers le pays des Batékés, dont le roi Makoko accepte le protectorat français, il va fonder sur le Congo, en face de Stanleypool, la station à laquelle la Société de géographie à donné le nom de Brazzaville. Après avoir parcouru le pays dans tous les sens, il s'embarquait pour la France en avril 1882.

Restait à faire ratifier par les Chambres cette prise de possession. Ce fut à ce résultat qu'il consacra ses efforts, durant son séjour à Paris. En dépit des attaques violentes dont il fut assailli par Stanley, M. de Brazza sut communiquer au pays la foi qu'il avait lui-même en l'avenir de ces nouvelles possessions. Il reçut l'accueil le plus chaleureux et le plus sympathique et, le 28 novembre, sur rapport de M. Rouvier, la Chambre votait, sans débat,la ratification du traité congolais, signé quatre années auparavant.

La période d'organisation allait, dès lors commencer. Nommé lieutenant de vaisseau le 15 février 1883, M. de Brazza repartait, le 22 mars, avec une mission nouvelle.Pourvu d'un crédit de 1,275,000 fr., augmenté l'année suivante de 780,000 fr., il regagna le Gabon avec le transport *Olumo,* mis à sa disposition. Aidé du docteur Ballay, M. de Brazza s'occupa d'ouvrir par l'Ogooué et l'Alima une route d'accès au Congo. Jusqu'en 1885, il affermit l'autorité de la France combattue par l'association internationale du Congo.

Après le traité de 1885, délimitant nos possessions congolaises, M. de Brazza rentra de nouveau en France ; il repartit quelques mois après, avec le titre de commissaire général du Congo et du Gabon.

Le commisaire général s'adonna, dès lors, à l'organisation de ces régions qu'il nous avait conquises, avec une ardeur et une persévérance qui ne se sont pas démenties. Le Congo n'a pas pris encore tout l'essor que l'on pouvait espérer. C'est affaire de temps ; il faut savoir attendre les résutats ; le tout est de les préparer.

M. de Brazza a fait, dans ces dernières années, quelques rares séjours en France, par raison de santé. Mais son absence fut toujours de courte durée et, à peine sa santé rétablie, il regagnait son poste. Il est, tout dernièrement, en novembre 1895, rentré à Libreville, après avoir épousé, en août dernier, Mlle de Chambrun, qui l'a accompagné en Afrique.

Voilà vingt ans que M. de Brazza s'est consacré tout entier à l'œuvre de colonisation africaine, à laquelle il a donné ses années de jeunesse et qui passionne encore son âge mûr. Il a l'ambition de conduire à la prospérité définitive la colonie qu'il a créée par de longs efforts, en lui sacrifiant son repos, sa santé. Verra-t-il satisfait le rêve caressé ? Les forces humaines ont des limites que le caractère le mieux trempé et l'énergie la plus indomptable ne sauraient dépasser. Quoi qu'il en doive être, le nom de Brazza est à jamais lié, dans l'histoire coloniale de la France, à celui du Congo français.

M. de Brazza a été nommé officier de la Légion d'honneur, le 14 août 1889, et commandeur en 1894.

M. LE COLONEL MONTEIL

Explorateur

LE LIEUTENANT-COLONEL MONTEIL

EXPLORATEUR

« Avec dix hommes armés on doit traverser l'Afrique. » Tel était le principe que Monteil avait posé, avant d'entreprendre la grande exploration qui l'a rendu célèbre. Après avoir fourni la démonstration que cette formule n'avait rien de paradoxal, il a pu l'inscrire en tête de son beau volume *De Saint-Louis à Tripoli*, comme le résumé éloquent et concis de l'œuvre à laquelle il a attaché son nom.

Né le 18 avril 1855, entré à Saint-Cyr le 9 septembre 1874, Parfait-Louis Monteil avait choisi, à sa sortie de l'école, l'infanterie de marine, où le poussait un tempérament avide d'action et d'aventures. De deux campagnes au Soudan et au Sénégal, où il avait révélé déjà les qualités qui font l'explorateur, l'énergie, l'endurance, l'entêtement dans le résultat à atteindre, il avait rapporté, en collaboration avec Binger, les éléments d'une carte de Sénégambie, qui, aujourd'hui encore, fait autorité.

Lieutenant du 3 mai 1879, capitaine du 15 septembre 1882, chevalier de la Légion d'honneur peu de temps après, il avait fait campagne en Annam et servi, pendant quelque temps, en Océanie, quand, le 6 août 1890, M. Etienne, alors sous-secrétaire d'Etat des Colonies, lui offrit une mission dans l'intérieur de l'Afrique.

C'était la réalisation d'un rêve depuis longtemps caressé. Monteil accepta avec joie.

La convention du 5 août 1890 venait d'être signée entre la France et l'Angleterre. Elle traçait comme limite de la sphère d'influence anglaise, dans le Soudan central, une ligne partant de Saï, sur le Niger, et aboutissant à Barroua, sur le lac Tchad, et renvoyait à des conférences ultérieures le soin de déterminer le tracé exact de cette délimitation.

La mission confiée au capitaine Monteil avait pour objet d'étudier des pays que traversait cette frontière idéale. Il devait constater sur place la valeur des titres invoqués par l'Angleterre et en créer, à notre profit, par la conclusion de traités, partout où il pourrait invoquer un droit de priorité.

D'autres missions étaient confiées en même temps à M. Mizon, qui partait du Niger, à Crampel, qui prenait l'Oubanghi, comme base d'opérations. Le lac Tchad était le rendez-vous commun que s'étaient assigné ces vaillants explorateurs. Monteil seul devait y parvenir, Mizon ayant dû modifier son itinéraire, à la suite de difficultés qui lui furent suscitées par le *Royal Niger Company;* l'infortuné Crampel était tombé victime d'un guet-apens, au moment où il pénétrait dans le Baghirmi.

Le 9 octobre 1890, Monteil quittait Saint-Louis; le 23 décembre il laissait derrière lui, à Ségou, le dernier poste où flottait le pavillon tricolore. Il n'avait avec lui qu'un sous-officier blanc, l'adjudant Badaire, et douze sénégalais, bientôt réduits à huit par les désertions.

Jusqu'à Waghadougou, capitale du Mossi, Monteil put s'aider des itinéraires de Binger et du Dr Crozat, encore un de ces héroïques martyrs de l'exploration, mort au champ d'honneur, comme Crampel, comme Ménard. Au delà de Waghadougou, c'était l'inconnu. Plus d'une année s'écoula sans qu'on eût en France des nouvelles de l'explorateur. On le tenait pour irrévocablement perdu, quand, le 23 mai 1892, le sous-secrétaire d'Etat reçut un volumineux courrier de Kano ! Monteil était sain et sauf, ainsi que ses compagnons. Il avait passé à Saï et à Sokkoto ; il se dirigeait vers le Bornou.

Le 10 avril 1892, il faisait son entrée à Kouka, où il restait jusqu'au 15 août suivant, bien accueilli par le Sultan, mais en butte aux intrigues et à l'hostilité de son entourage.

Ayant enfin obtenu des guides et des chameaux, il se dirigeait vers Tripoli, où il arrivait le 10 décembre, après avoir surmonté, dans la traversé du désert, des fatigues inouïes et échappé aux plus grands périls.

Obscur et inconnu au départ, Monteil, après cette odyssée dans les ténèbres de l'Afrique, revenait célèbre et populaire.

Le 29 octobre 1891, il était passé chef de bataillon, à l'ancienneté ; il apprenait, à son arrivée à Tripoli, qu'il était promu officier de la Légion d'honneur.

Après quelques mois d'un repos bien gagné, le gouvernement faisait de nouveau appel aux services du commandant Monteil. Il s'agissait cette fois d'aller sur le Haut-

Oubanghi affirmer les droits de la France que contestait l'Etat indépendant du Congo, et faire respecter notre pavillon.

Mais le départ du chef de mission fut longtemps retardé, en raison des négociations engagées avec l'Etat indépendant, négociations que le gouvernement français espérait toujours voir aboutir, sans recourir à l'envoi d'une colonne.

Monteil, qui venait d'être nommé lieutenant-colonel, prenait enfin, en juillet 1894, le paquebot du Congo, mais, à peine débarqué à Loango, il recevait l'avis de la conclusion d'un arrangement, qui rendait sa mission inutile, et l'ordre de se rendre, avec une partie de ses troupes, à Grand-Bassam, pour protéger Kong et notre colonie contre les agressions de Samory.

Nous n'avons pas à rappeler ici les difficultés de toute sorte qui empêchèrent la colonne Monteil d'atteindre le but qui lui était assigné.

Brusquement rappelé par M. Chautemps, dont les hasards de la politique avaient fait un ministre des colonies, il revint en France, après avoir vaillamment payé de sa personne mal remis d'une balle qui l'avait grièvement blessé à la jambe.

Nous ne terminerons pas ces notes biographiques, beaucoup trop sommaires pour être complètes, sans mentionner la mission dont Monteil fut chargé à Berlin, de décembre 1893 à janvier 1894, conjointement avec M. Haussmann, directeur des affaires politiques au Ministère des Colonies, pour le règlement des affaires du Cameroun.

Ces négociations, engagées dans des conditions particulièrement délicates, aboutirent à une solution que l'on s'accorde à trouver satisfaisante pour la France. L'autorité que s'était acquise Monteil par ses travanx géographiques et par sa grande exploration, aussi bien que son expérience des questions africaines, contribuèrent pour une large part à ce succès.

M. BINGER

Explorateur

Ancien gouverneur de la Côte d'Ivoire

M. BINGER

EXPLORATEUR, GOUVERNEUR DE LA CÔTE D'IVOIRE

Fils d'un Lorrain et d'une Alsacienne, Strasbourgeois par sa naissance, soldat de notre armée par sa volonté, Binger est deux fois Français. Il l'est encore par l'intrépidité, par le courage gai, ces vertus essentielles de l'âme française.

Né le 14 octobre 1856, M. Binger (Louis-Gustave) avait, dans l'année terrible, 14 ans à peine. Il voulut être soldat quand même ; il déserta même la maison paternelle, pour s'enrôler à Raon-l'Etape. L'armée refusa ce volontaire au cœur vaillant et au corps frêle. Il dut attendre ses 18 ans révolus. Le 14 octobre 1874, il était engagé au 20e bataillon de chasseurs à pied. Au bout de 18 mois, il était sergent-major, le modèle des sous-officiers par sa tenue, l'orgueil du bataillon par ses succès à l'Ecole de Tir, où il remportait le premier prix d'ensemble (1878) et à l'Ecole d'infanterie, d'où il sortait l'année suivante, le 9e sur 178.

J'ai un véritable plaisir à fixer ces dates qui évoquent chez le biographe de Binger le souvenir des jeunes années.

Le sergent-major Binger n'a peut-être pas oublié le lieutenant, maître d'école de 1877, qui s'escrimait à l'enseignement de la grammaire, de l'histoire, de la géographie et autres sciences de l'ordre aussi élémentaire que réglementaire. Le maître faisait de son mieux pour remplir sa tâche avec conscience ; de tous ses élèves, le plus assidu et le plus attentif était certainement Binger, bien qu'il fût celui qui avait le moins besoin d'apprendre.

On ne parlait guère de l'Afrique, du Soudan, ni de Kong, ni de Samory, ni de Tiéba en ce temps-là, à l'école du 20e bataillon, — ni ailleurs pour être juste. — Qui eût dit alors que ces pays mal connus, sinon tout à fait ignorés, ce serait Binger qui aurait l'honneur de les explorer un jour, d'en étudier la carte, d'en écrire l'histoire, d'en parler les langues multiples ?

Personne, en tous les cas, n'a été moins surpris que l'auteur de ces lignes, de la brillante carrière suivie par le jeune sous-officier de 1878.

En 1880, le 10 octobre — six ans après son entrée au service — presque jour pour jour — M. Binger fut nommé sous-lieutenant d'infanterie de marine. C'est une vie nouvelle qui commence. Il va d'abord au Sénégal, comme volontaire : il s'agit de commander à des disciplinaires ; ce n'est pas autrement engageant, mais les hasards de la vie coloniale sont pour tenter cette nature audacieuse. Il obtient, au bout de peu de temps, de faire partie d'une colonne expéditionnaire en Casamance, sous les ordres du général Dodds. Il s'y distingue dans deux affaires, à l'assaut de Moreanda et à la prise de Mandina ; il est proposé pour la croix de la Légion d'honneur.

Au retour de cette expédition, le soldat remet l'épée au fourreau et le dessinateur, émérite qu'il est, part en mission topographique dans le Cayor et le Baol. Quelques mois plus tard, il repart pour une nouvelle mission topographique avec Monteil, son ami et son chef. Le but de la mission est de reconnaître le haut Niger, de relever le pays entre le Sénégal et le Niger : total 580 kilomètres de chemin parcouru et de lever à la planchette. Il rapporte de cette exploration scientifique les éléments de la première carte sérieuse du Sénégal.

Il en rapporte mieux encore, la connaissance, encore imparfaite, des idiomes des pays traversés et surtout le désir de pénétrer ce monde noir, dont le mystère le tente et le séduit.

Frappé par l'intérêt qui s'attache aux travaux de topographie et de linguistique du lieutenant Binger, le général Faidherbe, grand chancelier de la Légion d'honneur, veut connaître ce laborieux et ce vaillant, il l'apprécie, le choisit comme officier d'ordonnance et l'associe à ses études sur l'Afrique (1886). Au contact de Faidherbe, le lieutenant Binger ne put que s'affermir dans le dessein qu'il avait conçu, dès longtemps, d'explorer le pays noir, compris entre les branches du Niger et le golfe de Guinée. Le général Faidherbe l'encouragea dans ce projet et lui facilita les moyens de le réaliser, auprès du ministre des affaires étrangères et du sous-secrétaire d'Etat des colonies.

Celui-ci était alors M. de la Porte, qui, d'accord avec le département des affaires étrangères, confia au lieutenant Binger la mission délicate et périlleuse dont le vaillant officier devait s'acquitter avec le succès que l'on sait. Ce que fut ce voyage extraordinaire, quelles en furent les péripéties émouvantes, aucun de ceux qui se tiennent au courant des choses coloniales ne l'ignore. Le héros de cette audacieuse course a traversé le continent noir et en a conté tous les détails dans son beau livre : « Du Niger au golfe de Guinée », que l'Académie française a couronné.

Je vois encore Binger, que tout le monde croyait mort et que sa mère pleurait depuis plusieurs mois, je le vois encore apparaissant à l'Exposition coloniale de 1889, hâve, harassé, plus riche de gloire que de santé. Depuis neuf ans nous ne nous étions pas rencontrés. Quelle douce émotion de se revoir après cette longue absence ! Quelle surprise de se retrouver l'un et l'autre dans des situations si différentes !

Le lieutenant Binger, devenu capitaine à la suite de son exploration, est aujourd'hui gouverneur de la Côte d'Ivoire et officier de la Légion d'honneur. Il a organisé la colonie qu'il avait conquise par des moyens pacifiques, il lui a créé des ressources propres, grâce à l'autonomie financière qu'il avait su obtenir d'un ministre avisé.

Un autre ministre, moins bien conseillé, a détruit en partie cette œuvre péniblement édifiée, en faisant de la Côte d'Ivoire une dépendance politique du Sénégal. Cette solution n'a été fort heureusement que transitoire.

Quoiqu'il en soit, le gouverneur Binger a eu le mérite et la bonne fortune rare de faire naître une colonie utile aux intérêts de la France et de diriger ses premiers pas. L'état de sa santé ne lui a pas permis de continuer son œuvre (1). Il ne lui a pas été donné de retourner à la Côte d'Ivoire et de conserver l'administration de cette colonie, qui ne demande qu'à grandir.

(1, M. Binger a été chargé par intérim de la direction des affaires d'Afrique au Ministère des Colonies. (12 décembre 1896)

M. MIZON

Lieutenant de vaisseau, Explorateur

M. MIZON

EXPLORATEUR

Une vie des plus actives et une activité des plus profitables à la science et à sa patrie ; une énergie peu commune mise au service des entreprises les plus ardues ; une persévérance qui ne s'est trouvée ni satisfaite d'aucun succès, ni rebutée par aucun échec. M. Mizon pouvait se faire la réputation d'un habile et hardi marin ; il a préféré s'entourer de la gloire, plus rare, d'un intrépide explorateur. Il pouvait promener son pavillon au travers des mers ; il a préféré planter son drapeau en des pays inconnus.

Mizon (Louis-Alexandre-Antoine), né le 16 juillet 1853, entra dans la marine en 1869. Il fut nommé aspirant de 1re classe, le 2 décembre 1872, enseigne de vaisseau, le 27 avril 1875 et lieutenant de vaisseau, le 2 juillet 1882. C'est dans ce grade qu'il fut fait chevalier de la Légion d'honneur.

Nous n'insisterons pas sur ses premières explorations, où il fut un des auxiliaires les plus précieux de Brazza, collaboration que l'absolutisme du caractère des deux amis, devait faire de courte durée,

Il partit, en octobre 1890, pour son voyage d'exploration en Afrique, qui ne devait se terminer qu'en mai 1892. Il traversa le Delta du Niger, explora ce fleuve et le Congo, remonta la Benoué et pénétra dans l'Adamaoua, qu'il put visiter en dépit des difficultés et des périls que lui créaient, à tout instant, les agents de la *Royal Niger C°*. Ces démêlés qui donnèrent lieu, pendant le voyage du lieutenant Mizon et longtemps après son retour, à de vives contestation entre la France et l'Angleterre sont longuement relatés dans le *Journal de Voyage* de l'officier. L'explorateur y met à nu la perfidie anglaise, qui ne tendait à rien moins qu'à provoquer un mouvement chez les indigènes et à faire massacrer nos compatriotes. Il dévoile les renseignements mensongers donnés au Sultan de l'Adamaoua par les ennemis de l'influence française.

M. Mizon sut néanmoins, grâce à la rare énergie qu'il opposa aux intrigues anglaises, triompher de toutes les difficultés et parvint à entrer dans Yola, où il signa avec le Sultan un traité d'amitié et de commerce.

A son retour en France, il reçut l'accueil le plus enthousiaste et le gouvernement le récompensa, en lui comptant comme service régulier les deux années qu'il venait de passer en Afrique.

Après quelques mois seulement de séjour en France, il repartait de Bordeaux le 10 août 1892, chargé d'une importante mission. Dès le début, de nouvelles difficultés surgirent. En butte aux tracasseries sans nombre des agents anglais, M. Mizon se mit en marche le 29 septembre, pour remonter le Niger avec les deux bateaux le *Mosca* et le *Sergent Malamine*, mis à sa disposition par les Chargeurs-Réunis. L'explorateur emportait cette fois avec lui une grande quantité de marchandises d'échange et devait créer des comptoirs sur divers points, reconnus au cours de son premier voyage.

De Lokodja, il remonta la Benoué, atteignit Ibi ; mais à partir de ce point, les bâtiments ne purent remonter le fleuve et en face de la pointe de Zirou, le *Sergent Malamine*, qui avait pu parvenir à ce point, s'échouait, sans qu'il fût possible de le renflouer. Les eaux baissaient et l'on dut songer à s'installer au Mouri. Le Sultan du pays signait bientôt après un traité, par lequel il plaçait son pays sous notre protectorat. Le *Sergent Malamine* immobilisé dans le fleuve, fut transformé en magasin et une première factorerie fut créée à Mairainao. Peu de temps après, une autre station commerciale était ouverte à Ménardville et un poste militaire était fondé. Les affaires prirent vite une grande extension.

A la hausse des eaux, en août, la mission reprit avec les deux navires sa route sur Yola. Elle y arriva le 19. A partir de ce moment, les tracasseries anglaises recommencèrent de plus belle. Nos établissements furent fermés, leurs directeurs expulsés par les agents anglais. Le lieutenant Mizon protesta de toute son énergie contre les prétentions anglaises, ne voulant pas se soumettre aux formalités que l'on tentait de lui imposer. Les choses cependant restèrent en l'état jusqu'à son départ. A peine l'explorateur avait-il quitté Yola que M. Wallace, agent général de la Compagnie, qui devait l'accompagner rebroussant chemin sous un prétexte futile et regagnant Yola, se saisit du *Sergent Malamine* et de sa cargaison et mit les marchandises sous séquestre. De là, gagnant Lokodja, où fonctionnaient toujours nos factoreries, M. Wallace les ferma et assigna devant le tribunal de la Compagnie tous les membres de la mission française.

Le lieutenant Mizon ne tint aucun compte de cette assignation, et exécutant l'ordre de rappel qui lui avait éte notifié, embarqua sur le *Mosca* tout le personnel de sa mission et regagna la France par Porto-Novo. Il laissait à Yola l'interprète Ahmed avec huit tirailleurs, chargés de défendre le pavillon français.

L'explorateur rentrait à Paris dans les premiers jours de novembre. En récompense de ses services, il recevait, à son retour, la rosette d'officier de la Légion d'honneur.

M. le lieutenant de vaisseau Mizon a été nommé le 29 décembre 1895 résident de 1re classe à Majunga. S'il l'a désiré, il faut l'en féliciter. Peut-être sera-t-il permis de dire que ses explorations du Congo et du Niger l'avaient mal préparé à l'administration de Madagascar. On affirme, par ailleurs, que l'homme d'initiative qu'il est saura faire œuvre utile,là où la confiance du gouvernement l'a placé. Il serait injuste de ne pas faire à l'administrateur le crédit que l'on doit à l'expérience de l'explorateur.

M. ALBERT GRODET

Gouverneur en disponibilité

M. GRODET

GOUVERNEUR EN DISPONIBILITÉ

Un corps souple et robuste au service d'une volonté forte et sûre d'elle-même ; un caractère toujours sévère, quelque fois dur comme le reflet gris d'acier de ses yeux ; une puissance de travail qu'aucun labeur ne rebute, qu'aucun climat ne parvient à modérer ; en un mot un tempérament, au sens physique et intellectuel du mot ; tel est M. Grodet, qui a été le premier gouverneur civil du Soudan militaire.

Né à Saint-Fargeau, dans ce département de l'Yonne, qui a donné le jour à Paul Bert, et autres personnalités coloniales, M. Grodet (Albert-Louis) entra comme expéditionnaire, le 23 janvier 1871, au ministère du commerce et de l'agriculture, où son zèle et son activité innés ne tardèrent pas à le faire apprécier. Il comprit la nécessité de se spécialiser et s'adonna tout entier à l'étude des questions économiques en général, et, en particulier, des questions de propriété industrielle, dans laquelle il acquit rapidement une réelle compétence. Après avoir gravi un à un les premiers échelons administratifs et avoir exercé les fonctions de chef-adjoint du cabinet de M. Rouvier, ministre du commerce et des colonies, dans le cabinet Gambetta, il était, dans le cours de 1882, nommé, par le successeur de ce dernier, chef de bureau de la propriété industrielle et des brevets, d'invention.

C'est là, que l'année suivante, M. Félix Faure qui, comme Sous-Secrétaire d'état des Colonies dans le Grand Ministère, l'avait vu à l'œuvre, alla le chercher pour l'amener avec lui dans l'administration coloniale, réorganisée sur des bases nouvelles.

A la tête du service important qui lui était confié, le jeune et nouveau sous-directeur des Colonies donna libre carrière à une activité qui devint rapidement dévorante : pendant plus de trois années, sous trois sous-secrétaires d'Etat, MM. Félix Faure, Rousseau et de La Porte, il exerça dans sa sphère une sorte de petite dictature administrative, qui ne devait pas tarder à lui devenir funeste. A la fin de 1886, M. de La Porte supprima les fonctions de sous-directeur et le sous-directeur lui-même.

Entre temps, M. Grodet, sans rien abandonner de son rôle au ministère, avait réussi à mener à bien la difficile mission d'organiser l'exposition des Colonies à l'Exposition d'Anvers. Le succès fut très vif ; une bonne part du mérite en revient à M. Grodet, qui reçut sa récompense avec la rosette d'officier de la Légion d'honneur.

M. de la Porte, qui s'était séparé de lui comme collaborateur à l'administration centrale, mais qui avait la qualité, rare chez nos gouvernants, de savoir faire ce qu'il considérait comme juste, ne laissa pas longtemps les facultés de M. Grodet sans emploi. Le 15 avril 1887, il le nommait gouverneur de la Martinique.

La mission de M. Grodet à la Martinique fut de courte durée : les querelles des partis locaux ne le laissèrent pas suffisamment indifférent. Il fut rappelé, le 3 décembre 1888, pour avoir trop favorisé l'un des deux partis en présence. Pareille aventure arriva à son successeur !

M. Grodet connut de nouveau, et pour plus

longtemps cette fois, les douceurs d'un repos forcé. Rentré dans les cadres du personnel des gouverneurs le 2 février 1890, il fut envoyé l'année suivante à la Guyane comme gouverneur intérimaire. Il se donna pour mission de visiter cette colonie mal connue et si digne de l'être. Il y resta deux années, non sans avoir tenté de travailler à son relèvement.

Remplacé à la Guyane, il rentra à Paris le 25 avril 1893 et, près de six mois après, il recevait du gouvernement une mission de confiance. On avait besoin, pour mettre fin au système des expéditions militaires au Soudan, d'un gouverneur civil doué des qualités nécessaires pour faire accepter et imposer, au besoin, aux militaires de tout ordre la volonté bien arrêtée du gouvernement de pratiquer au Soudan une politique pacifique.

M. Grodet s'acquitta de sa consigne avec toute la vigueur de son tempérament et remplit sa tâche à la satisfaction du gouvernement... d'alors. Après un long et pénible voyage au Macina et à Tombouctou, il rentra en France, rappelé par M. Chautemps ; on est tenté de dire que ce rappel honore celui qui en fut l'objet,

Tel est le *curriculum vitæ* de M. Grodet : il y a peu de carrières coloniales aussi mouvementées, aussi remplies. Et cependant, malgré la disponibilité, où il est rentré pour la quatrième fois, on peut présager que d'autres missions l'attendent encore. C'est que M. Grodet est bien trempé pour la lutte, dont il aime les ardeurs, dont il connaît les haut et les bas. Il faut d'ailleurs lui rendre cette justice : c'est qu'il n'a été inférieur ni à sa bonne, ni à sa mauvaise fortune.

M. DANEL
Gouverneur de la Guyane française

M. DANEL.

ANCIEN GOUVERNEUR DE LA RÉUNION

Marin, c'est-à-dire homme de guerre; inspecteur c'est-à-dire homme de critique; gouverneur, c'est-à-dire homme d'action, M. Danel a su, dans ces situations diverses, faire preuve d'énergie, de perspicacité et de volonté.

M. Danel (Henri-Eloi), né le 23 septembre 1850, à Béthume (Pas-de-Calais), entra à l'Ecole navale en 1867. Aspirant de 1re classe, au moment de la guerre de 1870, il fit ses premières armes, non pas sur mer, mais sur terre, avec les compagnies de marins incorporées dans l'armée de la Loire. Il se distingua aux combats de Fréteval et de Sillé-le-Guillaume, où il fut proposé pour chevalier de la Légion d'honneur, proposition qui ne devait aboutir que dix ans plus tard (9 novembre 1880).

Après la guerre, M. Danel pris part à l'expédition de Kabylie, à la tête d'une compagnie de débarquement de marins de l'*Armide* et s'y conduisit vaillamment.

De 1872 à 1880, il servit en escadre à Terre-Neuve, dans le Levant et au Sénégal, à diverses reprises. Il fut nommé lieutenant de vaisseau en 1880. Pendant cette période de sa carrière de marin, M. Danel s'appliqua à l'études des questions coloniales qui l'avaient instinctivement attiré, depuis sa première jeunesse, et avaient probablement décidé sa vocation pour la marine. Il s'orienta vers la carrière de l'inspection de la marine et des colonies, où il entra, à la suite d'un brillant concours, le 1er mai 1885, comme inspecteur-adjoint. A la formation du corps de l'inspection des colonies (1887), il fut nommé inspecteur de 2e classe, puis envoyé en mission en Cochinchine, où il fit preuve d'une grande vigueur dans la recherche des abus administratifs que l'administration centrale des colonies lui avait donné mission de lui signaler. Ses rapports témoignent de l'activité qu'il déploya dans ce labeur ardu et souvent pénible.

A son retour en France, M. Danel fut attaché au contrôle central des Colonies, où il fit montre d'un savoir, hautement apprécié, et d'une fermeté quelquefois un peu rude, qui lui attira peut-être quelques rancunes.

Le 16 mars 1889 M. Danel fut nommé lieutenant-gouverneur de la Cochinchine et mis hors cadres, comme inspecteur des colonies. Pendant son séjour en Cochinchine, l'administrateur, qui avait conservé le souvenir des critiques formulées naguère par le contrôleur, mit une certaine coquetterie à réaliser les réformes qu'il avait indiquées et à faire cesser les errements administratifs qu'il avait signalés dans ses rapports. Il serait inexact de prétendre qu'on lui en sut gré ; il serait injuste de nier qu'il ait fait œuvre utile. Il a apporté un soin tout particulier à éliminer du budget les dépenses facultatives qu'on s'était trop facilement habitué à considérer comme obligatoires. Il a eu le mérite de refuser les crédits que le conseil colonial lui aurait votés bien volontiers. Le fait est assez rare pour être noté et retenu.

Après un séjour de plus de trois années consécutives à Saïgon, M. Danel rentra en France, en avril 1893, pour y jouir d'un repos largement gagné. Peu après, il fut placé dans la position de disponibilité (9 mai 1893) et deux mois après nommé gouverneur de la Réunion (11 juillet 1893). Il a été remplacé récemment et chargé du gouvernemen de la Guyane.

Pendant son séjour de deux ans à la Réunion, M. Danel a eu le rôle ingrat de pratiquer la politique des économies que la situation financière de la colonie rend si nécessaire. Il a cherché à enrayer les dépenses qu'il jugeait excéder les besoins immédiats et les ressources possibles. Il a encouru des inimitiés qui ne lui ont pas pardonné son indépendance de caractère et sa sévérité financière.

M. Danel a été remplacé par M. Beauchamp, gouverneur de Saint-Pierre et Miquelon. C'est une satisfaction donnée à ceux qui s'accommodaient mal d'un gouverneur résolu à gouverner. Ce n'est pas la solution des difficultés pendantes, qui restent graves après comme devant.

NOS CONTEMPORAINS

M. BRIÈRE

Résident supérieur en Indo-Chine

M. ALBERT BRIÈRE

RÉSIDENT SUPÉRIEUR DE L'ANNAM

Né à Lieurey (Eure), le 16 décembre 1848, M. Brière entrait, en 1867, à l'école de Saint-Cyr. Il en sortait, en 1869, comme sous-lieutenant d'infanterie de marine.

Pendant la guerre, le jeune officier prit part à la campagne de Sedan et fut fait prisonnier à Bazeilles. Il fut envoyé en captivité à Breslau, d'où il parvint à s'évader.

En 1872, le lieutenant Brière partit pour la Cochinchine. C'était l'époque où se formait cette forte école d'administrateurs qui firent de la Cochinchine la plus riche de nos colonies. Admis, en 1873, dans le service des affaires indigènes, M. Brière sut bientôt se distinguer par son habileté et son infatigable énergie. Dès 1878, nous le trouvons administrateur de 1re classe dans l'arrondissement de Rach-Gia. Il mit à profit un séjour de deux ans dans cette partie encore imparfaitement connue de la Cochinchine, pour visiter en tous sens la grande presqu'île de Ca-Mau, sur laquelle il fit paraître une étude dans le premier fascicule des *Excursions et Reconnaissances*.

En 1882, le gouverneur, M. Le Myre de Villers, confiait à M. Brière la direction de l'important arrondissement de Cho-Lon, qu'il conserva pendant six ans et où il laissa la réputation d'un excellent administrateur.

En 1885, pendant l'isurrection cambodgienne, M. Brière fut chargé d'une mission spéciale dans les hauts Vai-Co.

Peu après, Paul Bert, se rendant au Tonkin, choisissait M. Brière, alors administrateur principal, pour diriger la province de Nam-Dinh. Le succès obtenu dans ce nouveau poste lui valut, en janvier 1887, la croix de chevalier de la Légion d'honneur.

En 1887, les provinces du Sud de l'Annam (Thuan-Khanh), temporairement soumises à notre action directe, furent replacées sous le régime du protectorat et rendues à la Cour d'Annam. M. Brière fut chargé par M. Bihourd de la mission délicate de présider à ce changement de régime politique. Il s'en acquitta avec succès. En février 1888, sous le gouvernement de M. Constans, il sut réprimer rapidement et sans bruit un commencement d'insurrection, fomenté au Binh-Thuân par d'anciens rebelles.

C'est au Thuan-Khan que vint le trouver, en 1889, sa nomination de résident supérieur au Tonkin. M. Brière était alors chef de bataillon hors cadre ; il donna sa démission.

A cette époque, les bandes du *doi* Van et du *doc* Tich désolaient les provinces du Delta tonkinois. Avec le concours de la marine, le résident supérieur organisa contre le *doc* Tich une colonne de police qui le poursuivit dans l'île des Deux-Song, bloquée par les canonnières. Le *doc* Tich dut se rendre et fut déporté en Algérie. Quant au *doi* Van, qui avait repris la campagne, après avoir fait sa soumission à l'ancien résident supérieur, il fut capturé après une poursuite acharnée et exécuté à Hanoï.

La pacification du Delta avait fait des progrès considérables, lorsque M. Brière dut rentrer en congé, en mai 1890. A son retour il eut à prendre des mesures énergiques pour rétablir l'ordre dans la province de Hanoï. Contre les grandes bandes de Bac-Ninh,

Hung-Yen et Hai-Duong, il envoya une forte colonne commandée par le vice roi du Tonkin. Les opérations, vigoureusement conduites, furent couronnées d'un plein succès; en novembre 1891, M. Brière quitta le Tonkin pour l'Annam. Son premier séjour en Annam (1891-1894) fut marqué par l'occupation du Laos annamite, que les Siamois envahissaient progressivement depuis 1885. Le résident supérieur, depuis son arrivée à Hué, n'avait cessé, dans une série de rapports, d'appeler l'attention de M. de Lanessan sur les empiétements menaçants des Siamois.

A son second séjour à Hué, en mai 1895, M. Brière s'occupa de rétablir l'ordre dans les provinces septentrionales (Thanh-Hop, Nghé-An, Hat-tinh, haut Quang-Binh). — Dans la Nghé-An et le Ha-tinh surtout, les rebelles, depuis 1885, n'avaient jamais désarmé. Leurs chefs avaient même installé une véritable administration insurrectionnelle, fonctionnant parallèlement à l'administration régulière indigène, le plus souvent d'ailleurs au vu et au su de cette dernière.

M. le gouverneur général Rousseau obtint de la cour d'Annam qu'elle procédât elle-même à la répression de l'insurrection et en confiât la haute direction à M. Brière. Un haut mandarin, investi de la délégation des pouvoirs royaux, ayant auprès de lui un commissaire du gouvernement du protectorat, M. le vice-résident Duvillier, fut chargé, dès le mois de juin 1895, de diriger sur place les opérations contre les rebelles des provinces du Nord, avec les forces mises à sa disposition par la cour de Hué et le concours de nos gardes civiles

Le chef suprême de la rébellion, Phan dinh Phung, traqué jusqu'au Laos a été tué ; presque tous les chefs secondaires ont été capturés ou ont fait leur soumission.

C'est un succès éclatant pour notre politique, la cour ayant toujours paru, jusqu'ici, se désintéresser de la pacification de provinces, où l'insurrection sévissait depuis des années.

M. Brière qui compte vingt-cinq ans de services civils ou militaires, en a passé vingt-trois en Indo-Chine. Il a été, pendant cette longue carrière, un des agents les plus actifs de la colonisation indo-chinoise et un serviteur utile et dévoué de la cause coloniale française.

M. PAPINAUD

Ancien Gouverneur de Tahiti

M. PAPINAUD

ANCIEN GOUVERNEUR DES ÉTABLISSEMENTS FRANÇAIS DE L'OCÉANIE

Un républicain de la première heure, qui a fidèlement servi la République et à qui la République a témoigné sa reconnaissance, en un temps où elle savait conserver le souvenir des services rendus. Un Méridional de belle humeur, de caractère aimable et serviable, doux et onctueux, comme on doit l'être à Narbonne. Conseiller municipal, sous préfet, député, gouverneur, il a invariablement suivi la méthode curative des émollients. Il doit avoir pris pour devise : concilier pour régner; il a le tempérament d'un juge de paix; il en a la physionomie; la politique a changé sa vocation, sans modifier sa manière. Si Andorre eût été une principauté indépendante, il en eût été le souverain parfait.

M. Papinaud (Pierre-Louis-Clovis) est né,

le 10 mars 1844, à Cussac-d'Aude. Ses débuts dans la vie furent modestes; il n'a que plus de mérite à s'être élevé aux sommets de la hiérarchie administrative. Après la proclamation de la République, en 1870, il devint conseiller municipal et maire de sa commune natale; il fut, en même temps, représentant de son canton au Conseil général de l'Aude, de 1871 à 1877. Il fut parmi les ardents qui soutinrent la lutte contre le ministère du 16 Mai. Le gouvernement républicain ne fut pas ingrat : le 30 décembre 1877, il fut nommé sous-préfet de l'arrondissement de Prades et, à ce titre, fut délégué de la République française en Andorre (6 juin au 22 septembre 1882). Ses administrés de Prades et d'Andorre ont gardé la mémoire de ses procédés d'administration paternelle.

M. Papinaud était très populaire dans toute la région, en deçà et au delà des Pyrénées. A la première occasion, il devait être député: il fut élu, le 5 août 1883, par l'arrondissement de Narbonne. Réélu le 13 octobre 1885, il résigna son mandat législatif le 25 février 1888. Il a joué à la Chambre un rôle assez effacé : il y a laissé des amitiés d'autant plus nombreuses qu'il s'appliquait à ne pas les rendre ombrageuses. En janvier 1888, M. Papinaud fut envoyé en mission temporaire à Nossi-Bé, pour y exercer provisoirement les fonctions de gouverneur. Titularisé dans ce poste avec la 3e classe personnelle, par decret du 26 février 1888, il fut transféré, le 4 mai, au gouvernement de Mayotte et des Comores, qu'il occupa pendant cinq années consécutives. Il fit à Mayotte ce que tout autre eût pu y faire, ni mieux, ni pis, avec la conscience, la bonne volonté et l'esprit conciliant qui sont ses qualités essentielles. Il eût pu y rester longtemps encore, si les nécessités politiques n'avaient obligé le gouvernement à le faire permuter d'office avec M. Lacascade, gouverneur des établissements français de l'Océanie. Nommé à Tahiti par décret du 25 avril 1893, M. Papinaud obtint, comme dédommagement à ce voyage involontaire, un avancement d'ailleurs régulier : par décret du 30 juillet 1893, il fut élevé à la 2e classe.

Entre temps, M. Papinaud, qui a été nommé officier d'académie en 1882 et officier de l'instruction publique en 1891, a été fait chevalier de la Légion d'honneur le 12 juillet 1890.

Il n'eût pas demandé mieux que de finir

sa carrière administrative au milieu des populations douces et paisibles de Tahiti, auxquelles un gouverneur comme lui convenait à merveille. Mais il n'y a pas de bonheur parfait ici bas. Le malheur des temps a voulu que les indigènes de Raiatea et de Bora-Bora, travaillés par des agents anglais, aient manifesté des velléités d'indépendance, et que le ministère des colonies ait éprouvé, en 1895, le besoin de faire annexer — pour la seconde fois — ces îles dont la France avait pris possession en 1888.

Depuis 1895, M. Papinaud, qui avait vécu en bonne harmonie avec le conseil général, a vu poindre la lune rousse et éclater des orages au sein du petit Parlement. Sa méthode conciliante a été impuissante à les conjurer : il est rentré en France. Il est certain qu'il ne reverra plus Tahiti. Ira-t-il ailleurs? L'avenir répondra. Il est resté gouverneur huit ans passés. C'est beaucoup au gré des impatients qui convoitaient sa succession.

Nos Contemporains

M. STANLEY
Explorateur anglais

M. STANLEY

EXPLORATEUR ANGLAIS

Volonté de fer, énergie indomptable, intelligence souple, esprit alerte et toujours en quête de nouveau, M. Stanley est le type idéal du reporter dont la presse anglaise paraît avoir le monopole. Il a tenu le record de l'information à outrance, capable d'organiser une armée, de fonder des colonies, de conquérir des territoires, de mettre l'Afrique en feu, autant pour la gloriole de le conter que pour la gloire de le faire. Sans scrupules ni préjugés, cruel au besoin, dur toujours pour les populations indigènes de l'Afrique, M. Stanley a dû le succès de ses entreprises à la rigueur de ses procédés et à la puissance de ses moyens : il a coupé des têtes et remué des millions, sans compter. Au total il a été grand géographe, sans être un savant, il a été guerrier et conquérant sans être soldat, il a été conteur séduisant, journaliste de premier ordre, sans être érudit. Il serait osé de dire qu'il a servi la cause de la civilisation en Afrique ; on peut affirmer du moins qu'il a été le serviteur dévoué des intérêts anglais, partout où l'a conduit la fortune ou porté sa fantaisie de reporter.

M. Stanley (Henry-Morlond) s'appelle de son vrai nom Rowlands. Né, en 1841, à Denbigh (Pays de Galles) d'une famille pauvre, qui dut le confier à l'hospice des enfants de Saint-Asaph, il s'embarqua, à treize ans, comme mousse, sur un navire allant à la Nouvelle-Orléans. Là il devint l'employé de M. Stanley, qui le prit en affection, s'habitua à le traiter comme son enfant adoptif et lui donna son nom. Malheureusement il ne lui donna pas autre chose : il mourut sans testament et le jeune Rowlands, ou plutôt Henry Stanley, dut gagner sa vie comme il put, cherchant son pain quotidien au petit bonheur.

En 1861, il s'engage comme soldat parmi les confédérés pendant la guerre des Etats-Unis ; puis il s'enrôle comme matelot dans la marine fédérale et devient enseigne de vaisseau.

La guerre terminée, il se fait journaliste.

Le *Missouri Democrat,* la *Tribune,* enfin la *New-York Herald* l'emploient comme reporter. A ce titre il suit l'expédition d'Hancock contre les Indiens Cheyennis et, en 1868, celle des Anglais en Abyssinie. Ensuite commencent les longues pérégrinations de M. Stanley à travers la Turquie d'Asie, la Perse, l'Inde, pour le compte du *New-York-Herald*,

Une circonstance fortuite amène M. Stanley en Afrique. Depuis longtemps, Livingstone, qui s'était enfoncé dans les profondeurs de l'Afrique inexplorée, avait cessé de donner de ses nouvelles. Le monde savant était anxieux de savoir ce qu'était devenu l'audacieux voyageur, sur lequel était fixée l'attention universelle. M. Gordon Benett, directeur du *New-York Herald,* invita M. Stanley à aller à sa recherche : celui-ci n'hésita pas devant les dangers de cette mission ; le reporter se transforma en explorateur et, en 1871, M. Stanley quitta Zanzibar, rejoignit le Tanganika par Oujéjé et eut la chance de retrouver Livingstone, dont il rapporta les lettres en Europe. C'était un vrai coup de maître. Aujourd'hui un pareil voyage, après tant d'autres exploits du même genre, semble une excursion un peu longue et rien de plus. Il y a quinze ans, c'était une véritable expédition pénible, difficile et dangereuse, quoi qu'en puissent dire les géographes en pantoufles qui n'ont jamais quitté les bords de la Seine ou de la Tamise.

Les résultats de cette exploration firent grand bruit en Europe ; le *New-York Herald* les célébra à des millions d'exemplaires et l'ouvrage de M. Stanley « Comment j'ai retrouvé Livingstone » eut un succès immense et mérité.

La réputation de M. Stanley était dès lors, établie : il ne pouvait plus y avoir de guerre nulle part, sans qu'il en fût l'historiographe ; en 1874 il reçut la mission de suivre l'expédition des Anglais contre les Achantis. Quand il n'y eut plus de guerre en perspective, il fallut inventer des expéditions pour alimenter l'activité fiévreuse de cet infatigable reporter. En 1876, le *New-York Herald* et le *Daily Telegraph*, toujours en quête de nouvelles à sensation, le chargèrent, à frais communs, de conduire en Afrique une expédition importante avec l'objectif qu'il fixerait lui-même; coûte que coûte il fallait découvrir du nouveau. M. Stanley fit bonne mesure à ceux qui avaient commandité son exploration. Parti de Zanzibar le 17 novembre 1875, il arrivait à l'embouchure du Congo le 13 août 1877 ; il avait levé la carte du Victoria-Nyanza, visité l'Ouganda, complété la découverte du système des lacs et des fleuves qui se jettent sur la rive occidentale du Victoria-Nyanza, découvert entre ce lac et l'Albert-Nyanza une série de montagnes neigeuses, trouvé un lac nouveau, Lousta-Nzigé, qu'il prit pour le prolongement du lac Albert-Nyanza, fait le tour du Tanganika, reconnu le Lonkonga (déversoir intermittent du Tanganika dans le Haut-Congo), prouvé enfin que la Loualaba et autres fleuves du même système, découverts par Livingstone, était le cours supérieur du Congo. Enfin il avait descendu ce fleuve, de Nyanjoué à la mer. Il est inutile d'insister sur les difficultés d'un voyage de cette importance, accompli au milieu de mille périls, au prix des plus cruelles privations. M. Stanley arriva au terme de son expédition épuisé, mais fier, à juste titre, de l'œuvre considérable qu'il avait menée à bien et qui a été si féconde en résultats au point de vue géographique. La relation qu'il en a faite, *A travers le continent noir*, restera le monument durable de cette magnifique expédition.

En 1879, le roi des Belges fit appel au concours de M. Stanley qui se mit à la tête de l'expédition de l'Association nationale africaine au Congo. Il fonda, de 1879 à 1885, diverses stations devenues des villes, construit une route permettant de tourner les cataractes qui entravent la navigation du Congo et, pour tout dire en un mot, il fut le véritable fondateur de la colonie du Congo.

En 1887, il prend le commandement d'une expédition chargée d'aller au secours d'Emin-pacha, organisée par un comité anglais. On sait qu'elles étaient les arrières pensées de ce comité : Stanley avait reçu à la fois du roi des Belges et de la Compagnie britannique de l'Afrique orientale mandat de décider Emin a les servir, et en même temps était chargé, par le khédive, de l'inviter à abandonner sa province. Après avoir éprouvé de grandes difficultés à traverser la vaste forêt équatoriale, Stanley et sa troupe atteignirent Emin. On sait que le pacha refusa ses offres, mais que les circonstances permirent cependant à Stanley de le décider de revenir avec lui ; à peine de retour, Emin est reparti, regrettant la détermination prise sous l'ascendant impérieux de Stanley. Cette expédition, surtout politique, a eu de très importants résultats géographiques.

Ici se termine la période agitée de la vie de M. Stanley. En 1890, il s'est marié avec miss D. Tennant qui possède une grande fortune. Dès lors, il ne voyage plus que par agrément; en 1891, il visite l'Australie ; en 1892, il fait une tournée en Amérique comme conférencier. La même année, il avait été candidat unioniste à Londres; battu en juillet 1892, il a été élu en 1895. Il ne lui reste plus qu'à devenir ministre, et le petit mousse de 1854, riche, plein de gloire et d'honneurs pourra se rendre le témoignage d'avoir été l'artisan de sa propre fortune. Il n'est pas l'ami de la France ; il n'a pas la mémoire du cœur, car la France l'a fêté et acclamé, comme elle sait honorer les hommes de courage. Il n'importe guère. Chacun pour son pays, c'est justice. M. Stanley fait honneur à l'Angleterre ; il a augmenté son patrimoine de gloire et perfectionné ses procédés colonisateurs.

www.ingramcontent.com/pod-product-compliance
Ingram Content Group UK Ltd.
Pitfield, Milton Keynes, MK11 3LW, UK
UKHW031048260726
13965UKWH00006B/753

9 782013 348034